# バカでも稼げる「米国株」高配当投資

日本一アンチの多い「米国株」ブロガー
バフェット太郎
はるたけめぐみ（漫画）

ぱる出版

米国株投資で儲けるなんて
スタバでフラペチーノを飲むくらい
カンタンさ！

本
BOOK
BOOK
う〜ん…
「この前○○の株で○○円も利益が出たの」
「私は△△で○○円の―」
「株」か―
興味はあるんだけど―
仮想通貨で5億稼ぐテクニック
日給50万円をサク
何から勉強したらいいのか分からないな…
お嬢さん投資に興味があるのかい?
00万円を1億円にする株式投資

ウォーレン・バフェット
世界最大の投資持株会社である
バークシャー・ハサウェイの
筆頭株主であり、同社の会長兼CEO
おじさん誰？
君「ウォーレン・バフェット」も知らないで投資しようとしてるの？
投資の勉強はした？
おおかた友達が儲けたとかで安易に買おうとしているでしょ
そんなの投資しても相場にカモにされるだけだよ
う…
100万円を
億円にす
式投資

僕は
バフェット太郎
「バフェット太郎の
秘密のポートフォリオ
（米国株配当再投資戦略）」って
サイトの運営者で
普段はサラリーマンやってる
兼業投資家
株・投資
ご親切に
で、あなたはいくら
株で儲けたの?
米国株だけでいうなら
2年で一千万円
もちろん純利益
ふぅん…
まあ
凄いと言えば凄い
けど—
100万円を
1億円にする
あのね
君—

そういう本は全部まぐれだから
あの世界一の投資家と言われるウォーレン・バフェットですらトータル年利は20%!
これは一億円の元手があっても一年で二千万増やすのがやっとって事なんだよ
株の暴騰や暴落のたびに「億万投資家」は沸いては消えるまるでぼうふら
100,000,000
年利20% ↓
120,000,000
日本企業の株はやらないの?
二〇代の頃はやってたよ
でも全部売却して米国株にした
企業の業績を調べたらアメリカの企業の方が全然良いんだよ
例えば二五年以上連続で配当を実施しているのは米国で百社以上
日本では何社だと思う?

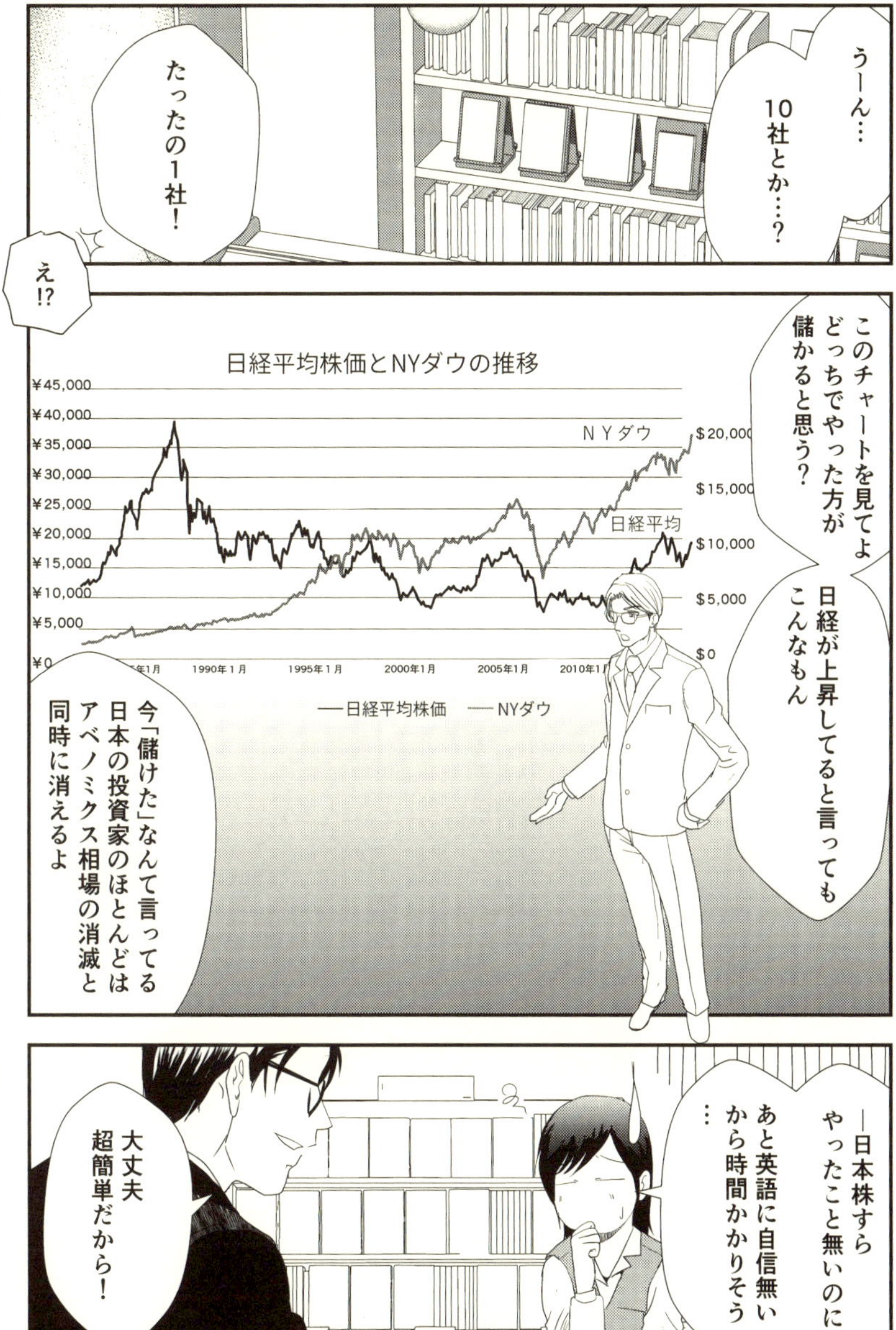
うーん… 10社とか…？
たったの1社！
え!?
このチャートを見てよ どっちでやった方が儲かると思う？
日経平均株価とNYダウの推移
¥45,000
¥40,000
¥35,000
¥30,000
¥25,000
¥20,000
¥15,000
¥10,000
¥5,000
¥0
NYダウ
日経平均
$20,000
$15,000
$10,000
$5,000
$0
1990年1月
1995年1月
2000年1月
2005年1月
2010年1月
―日経平均株価 ―NYダウ
日経が上昇してると言っても こんなもん
今「儲けた」なんて言ってる日本の投資家のほとんどはアベノミクス相場の消滅と同時に消えるよ
―日本株すらやったこと無いのに あと英語に自信無いから時間かかりそう…
大丈夫 超簡単だから！

英語力も要らないし
時間もかからない
バフェット太郎なんか
月三分のチェックで
今この瞬間も
金が増え続けているから
月三分!?
ウソでしょ
英語の新聞見たりして
色々分析するんじゃ
ないの!?
そういう投資法じゃ
ないから
バフェット太郎が
保有しているのも
コカ・コーラとか
P&Gとか
有名どころだけだよ
—具体的には
どうするの?
①銘柄数の決定
②景気循環別、銘柄数の決定
③個別銘柄の決定
の3ステップだね

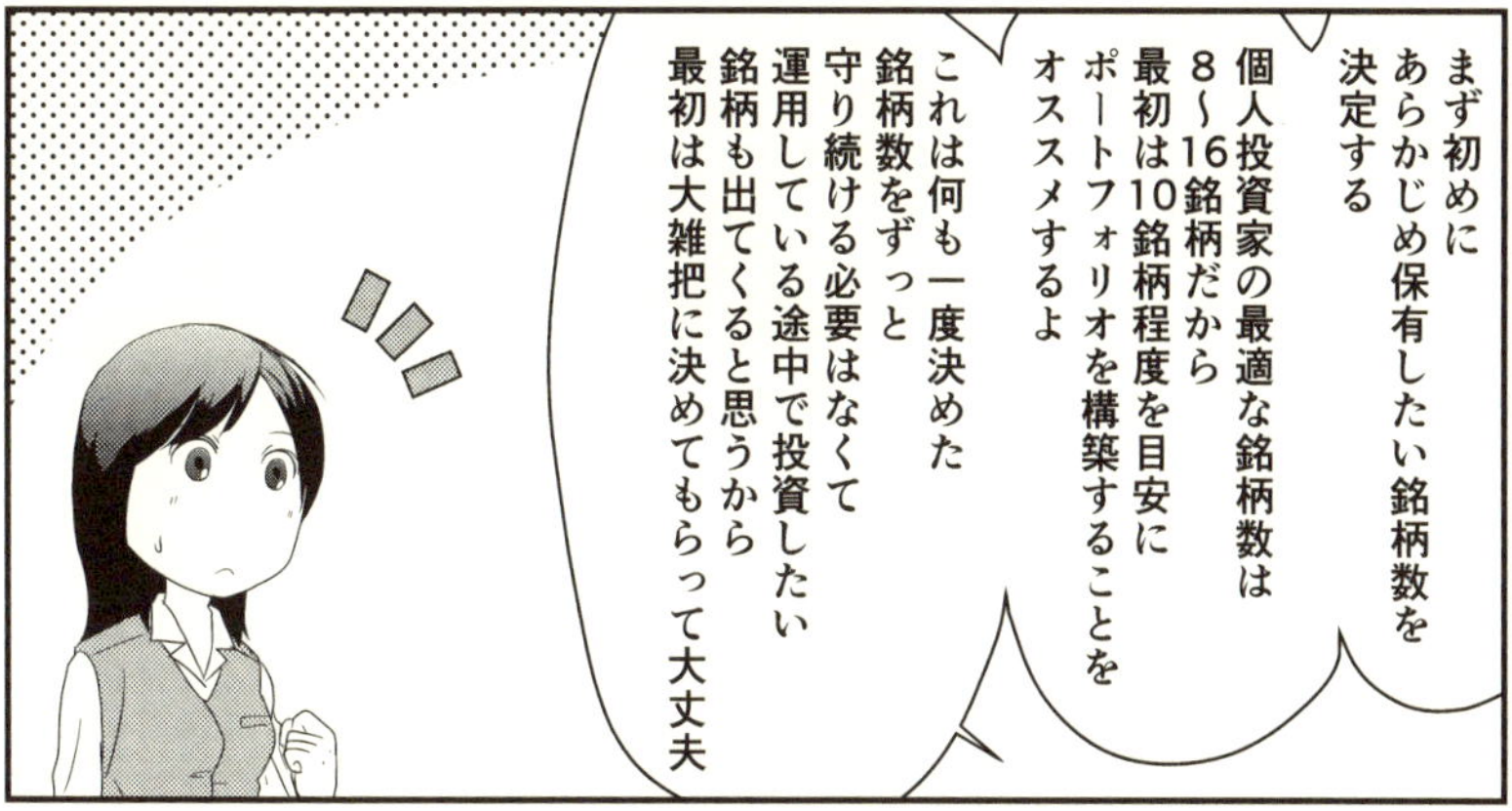
まず初めに
あらかじめ保有したい銘柄数を
決定する
個人投資家の最適な銘柄数は
8~16銘柄だから
最初は10銘柄程度を目安に
ポートフォリオを構築することを
オススメするよ
これは何も一度決めた
銘柄数をずっと
守り続ける必要はなくて
運用している途中で投資したい
銘柄も出てくると思うから
最初は大雑把に決めてもらって大丈夫

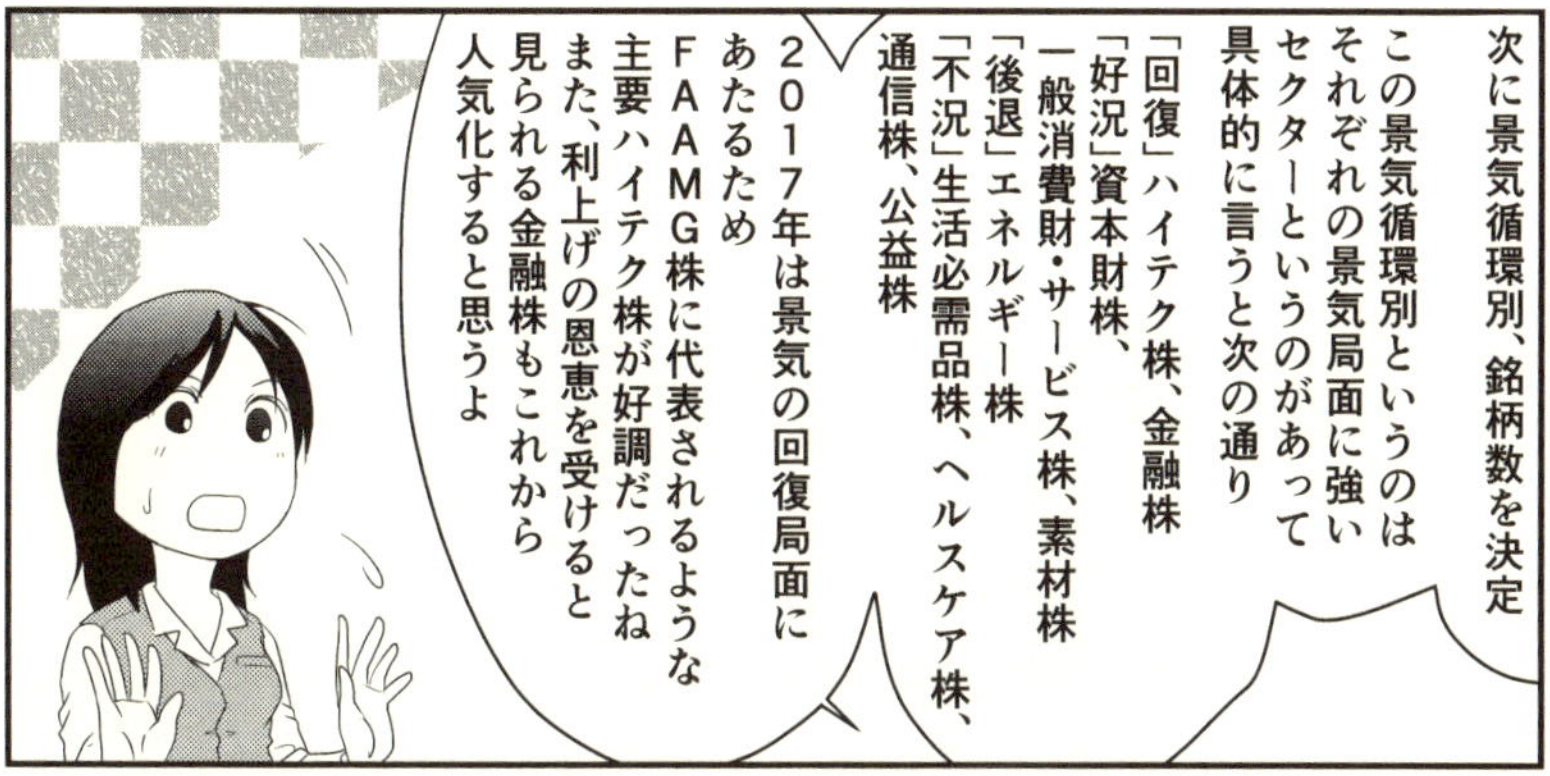
次に景気循環別、銘柄数を決定
この景気循環別というのは
それぞれの景気局面に強い
セクターというのがあって
具体的に言うと次の通り
「回復」ハイテク株、金融株
「好況」資本財株、
一般消費財・サービス株、素材株
「後退」エネルギー株
「不況」生活必需品株、ヘルスケア株、
通信株、公益株
2017年は景気の回復局面に
あたるため
FAAMG株に代表されるような
主要ハイテク株が好調だったね
また、利上げの恩恵を受けると
見られる金融株もこれから
人気化すると思うよ

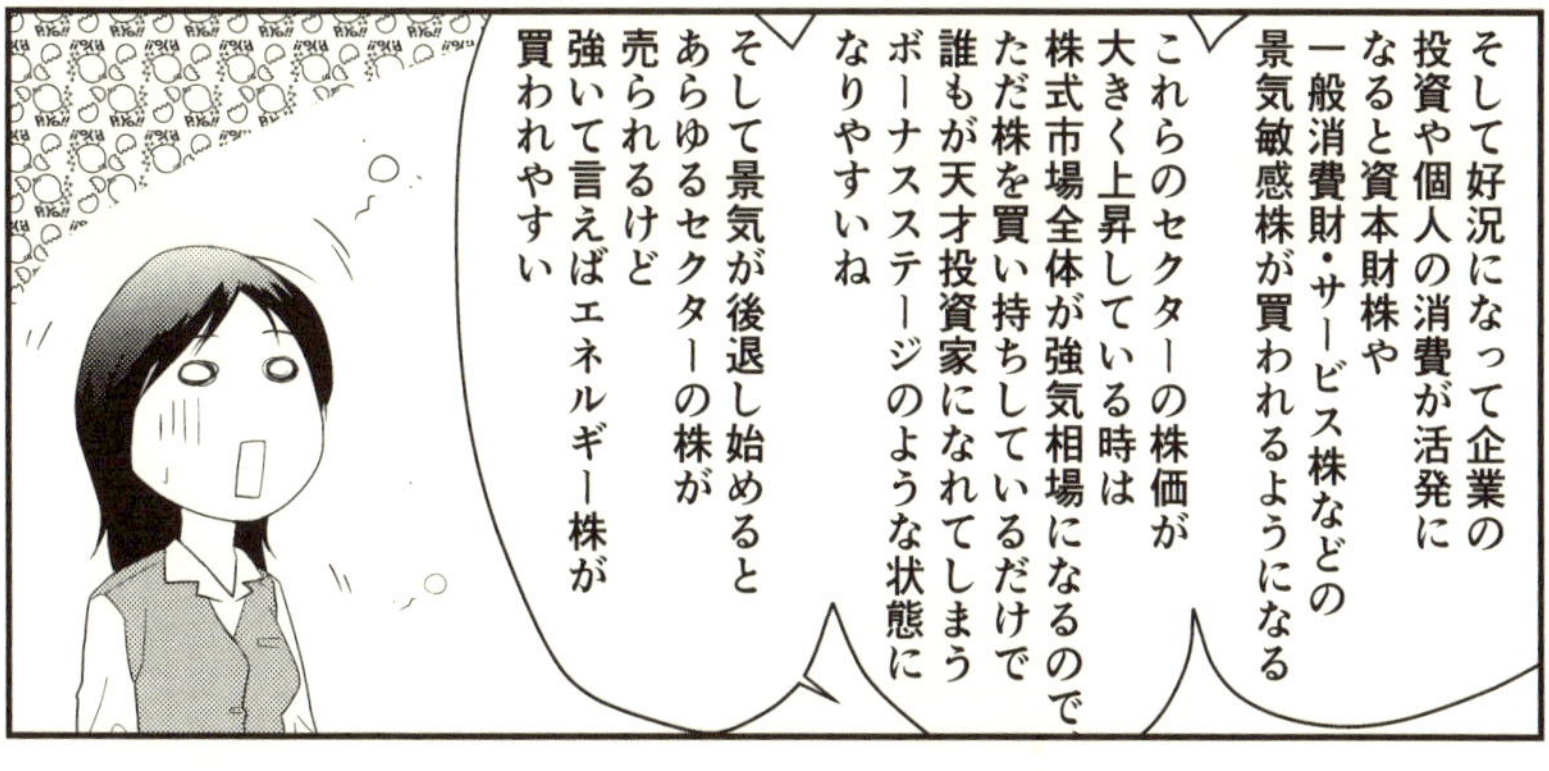
そして好況になって企業の
投資や個人の消費が活発に
なると資本財株や
一般消費財・サービス株などの
景気敏感株が買われるようになる
これらのセクターの株価が
大きく上昇している時は
株式市場全体が強気相場になるので、
ただ株を買い持ちしているだけで
誰もが天才投資家になれてしまう
ボーナステージのような状態に
なりやすいね
そして景気が後退し始めると
あらゆるセクターの株が
売られるけど
強いて言えばエネルギー株が
買われやすい

最後に不況局面ではあらゆる株が暴落するので好況局面で自分は「天才投資家」だと浮かれていた投資家たちは脱糞しながら泡を吹いて気絶することになるよ・・・
―って聞いてるの？
はっ!?
…「ポートフォリオ」ってなに？
まあ君レベルの脳みそでも理解できるように書いたから
ムカつく意見も有るかも知れないけど
バフェット太郎の事は嫌いになっても米国株の事は嫌いにならないでね
グッドラック！
バカでも稼げる
「米国株」高配当投資
英語力ゼロ
知識ゼロ
でも10万円からスタート
月3分のチェックで2年で
1000万円!
バフェット太郎

# はじめに…「配当って何？」レベルのど素人でもできます！

みなさん、こんにちは。バフェット太郎です。「お前誰？」って言われそうなので先に自己紹介しておきますと、投資歴11年、運用資産5000万円くらいで、普段「バフェット太郎の秘密のポートフォリオ」という投資ブログを書いてる日本一アンチの多い米国株投資ブロガーです。

もし、仮にビットコインで「億り人」になって、「将来200億円くらい稼げるわ」っていう人がたまたまこの本を手にしていたら「投資の期待利回りが数%とかザコすぎるwww　時代遅れの投資家どもはまだこんなクソみたいなことやってんのかwww」みたいな感じでバカにすると思う。

でも、多分あなたは**将来に漠然としたお金の不安を抱えていて、どうしたらいいのかそのヒントを探している普通の人**だと思う。「一夜にしてウン億稼いで贅沢三昧《ぜいたくざんまい》！」とかそこまで思ってないけど、「貯金だけってのも何だなー」「でも、投資とかするのも色々メンドくさそう」っていう普通の人。

そういう庶民にこの本は最適です。実際、本書は1年で1億円稼げる魔法の投資法なんて紹介していないし、期待できる利回りは年平均数%程度しかありません。とはいえ、**お金持ちになるだけなら、年平均数%のリターンがあれば十分ですし、仮想通貨みたいな詐欺まがいのギャンブルをする必要もありません。**

投資の世界で広く知られた「王道」について書いているので、普遍的で誰もが簡単にマネができる投資法について紹介しています。具体的に言えば、**米国の超大型優良連続増配高配当株に投資して配当を再投資するだけの投資法**なので、バカでも簡単にできます。「配当って何?」っていう「ど」がつくほどの素人だってOKです。

かくいうバフェット太郎も、11年前にど素人のまま投資を始めました。投資先は当時ブームになっていた新興諸国「BRICs」(ブラジル、ロシア、インド、中国の頭文字を取った造語)だったのですが、投資を始めた直後に米不動産バブルが崩壊し、翌年リーマン・ブラザーズが破綻、未曽有の金融危機に発展して保有する新興国株はボコボコに売り叩かれてしまいました。

その後、日本株にシフトして将来有望の成長株に集中投資するも、直後に業績が低迷、含み損が膨らんでしまいました。しかし、それでも忍耐強く保有すると、一転して株価が急騰し、２０１５年に運よく利食いすることができました。ただし、**儲かったとはいえこれは完全に「まぐれ」だし、同じような投資法を繰り返すことはギャンブルを続けることと同じなので、日本株からも撤退しました。**

バフェット太郎はこうしたクソダサい投資スタイルを10年近く続けてきたわけです。

だからはじめに断っておきますけど、本書はどこぞの天才投資家が書いた本でもなければ、めちゃくちゃ賢い人が書いた本でもありません。どこにでもいるクソダサい投資家が、たくさんの失敗とまぐれと、そして数百冊に及ぶ投資本をむさぼり読んで得た知識を積み重ねて書いた本です。別の言い方をすれば、本書はこれから投資を始めてみようかなと考えている11年前のぼくに向けて書いた本でもあるので、まさに「**そろそろ副業的に投資でも始めてみようかな」と考えている20〜40代のサラリーマンにピッタリの内容**です。

本書を手にとったあなたがゆっくりと、でも最短の道を通ってお金持ちになることを願ってます。

『バカでも稼げる「米国株」高配当投資』

# もくじ

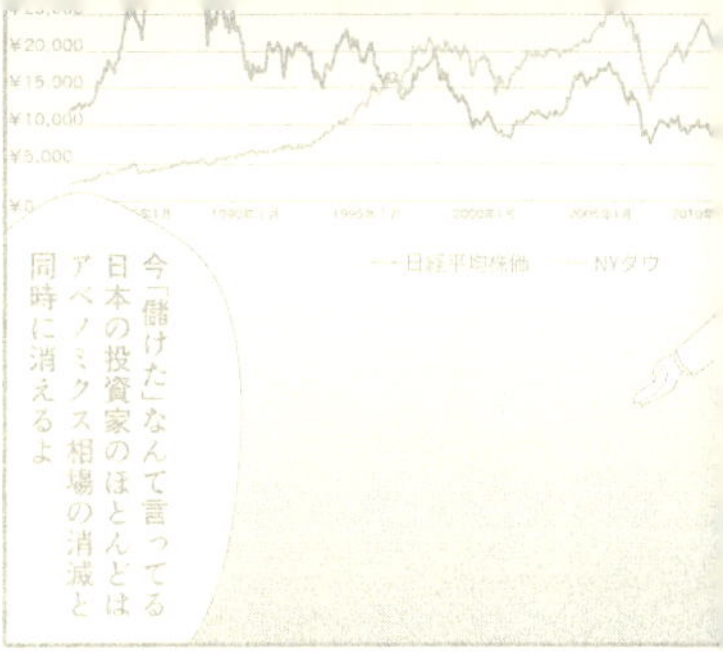




## 第2章 米国株が最強すぎる理由を挙げてみた

あの世界一の
投資家と言われる
ウォーレン・バフェットですら
トータル年利は20%!

英語力も要らないし
時間もかからない

# 第3章 金が金を生む高配当マネーマシン その作り方

# 第4章　ど素人投資家への正しい投資技法

やすいね
て景気が後退し始めると
ゆるセクターの株が
れるけど
て言えばエネルギー株が
れやすい

漫画：はるたけめぐみ
カバーデザイン：安賀裕子

# 序章
# 庶民がお金持ちになれるたった一つの方法

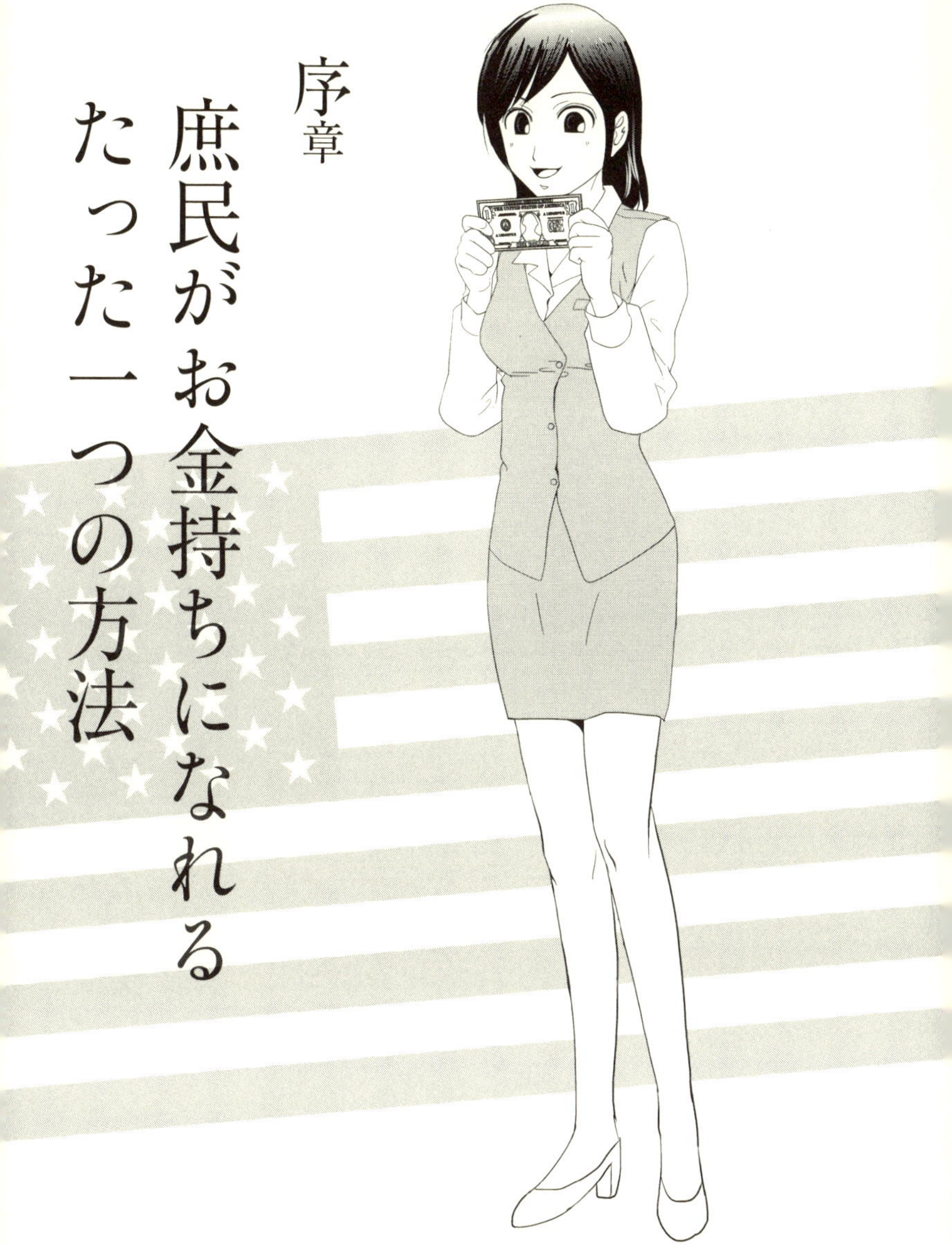

# マイホーム購入なんてクソダサい投資を平気でやる日本人

日本のような豊かな社会において、お金持ちになることくらい誰にでもできるので、貧乏人が貧乏であることは自己責任に他なりません。

こういうことを書くからいつもブログの読者に怒られているわけなんですが、事実なんだから仕方がない。とはいえ、数年後に誰もが億万長者になれる「秘密の投資メソッド」みたいなものはありませんし、バフェット太郎が大暴騰《だいぼうとう》必至の「お宝銘柄」を紹介できるわけでもありません。もちろん、「開運グッズ」を死ぬほど身に着けて宝くじを買いに行ったってお金持ちになることはできません。

お金持ちになる方法を一文で表すと、「勤勉に働き、倹約に努め、堅実に運用する」ということになり、別の言い方をすれば、「収入を最大化し、支出を最少化し、運用利回りを最大化する」ということになります。

たとえば、**アメリカの典型的な億万長者というのは、プール付きの大豪邸に住むセレブのような人たちではなくて、ごく普通の家に住み、共働きで年収は平均的、普段着はお世辞にもおしゃれとは言えない、どこからどう見てもごく普通の人たち**なんです。

また、アメリカの億万長者の八割は一代で富を築いていて、遺産相続や宝くじで一発当てたなんてこともなく、多くの億万長者たちは勤勉に働き、倹約に努め、堅実に運用した結果お金持ちになっていて、そういう人たちがゴロゴロいるわけです。

しかし、どうしてアメリカでは資産運用でお金持ちになれた夫婦がゴロゴロいるのに、日本では資産運用でお金持ちになった夫婦の話を聞かないのでしょうか。

結論から言うと、お金持ちになるための「勤勉に働き、倹約に努め、堅実に運用する」ということができなかったからなんです。

たとえば、日本では専業主婦家庭が比較的多くて、パートで働いていたりすれば年収100万円未満が大半で収入の最大化などできないというわけです。また、「生命保険に加入して一人前」みたいなわけのわからない呪いのようなセールストークに騙《だま》されて多くの家庭が無駄な支出を余儀なくされてきましたし、価値が下がり続けるマイホームを35年ローンで買うというクソダサい投資をみんな平気でやるわけです。

マイホームは自分で住むのだから投資ではないと反論する人もいますが、そんなことはありません。だって、もしあなたが離婚したり失業して最終的にローンが払えなくなれば家を手放す必要に迫られるわけじゃないですか。その時、購入時よりも値段が下がっているのなら、それはあなたが

## 不動産投資をした結果、損をした

ことを意味するんですよ。

働き方、倹約、堅実な投資。この3つをすべて話せればいいですけど、本にはページ数というものがあります。本書では普通に日常生活を営んでいるサラリーマンが、お金持ちになるための堅実な投資法に絞って紹介します。

さて、世の中には様々な投資先がありますが、**中流階級の庶民は「何に」投資すれば運**

用利回りを最大化できるのでしょうか?

## 米国株投資で ローリスクに1000万円稼いじゃった件

投資の世界では、その問いの答えはすでに発見されているので、本書に書かれているノウハウはバフェット太郎が新たに発見したものではありません。しかし、バフェット太郎が個人投資家として10年以上試行錯誤しながら成功と失敗を繰り返した経験をもとに、個人投資家にとって必要なノウハウと、個人投資家が陥りやすい罠や間違いなどを指摘しつつ、正しい運用のノウハウをアドバイスすることはできます。

そこで、皆さんにはまず、何に投資すればいいのかその答えを知っていて、かつ正しい運用をしているバフェット太郎が実際にどのようなポートフォリオ（資産の保有比率）でどう運用したか、その結果（次ページ図）をご覧いただきたいと思います。このグラフは２０１６年1月から17年10月末にかけて、バフェット太郎が資産運用した結果の税引き後累積収益額です。その額は約９００万円弱となっています。

## ●バフェット太郎のポートフォリオ

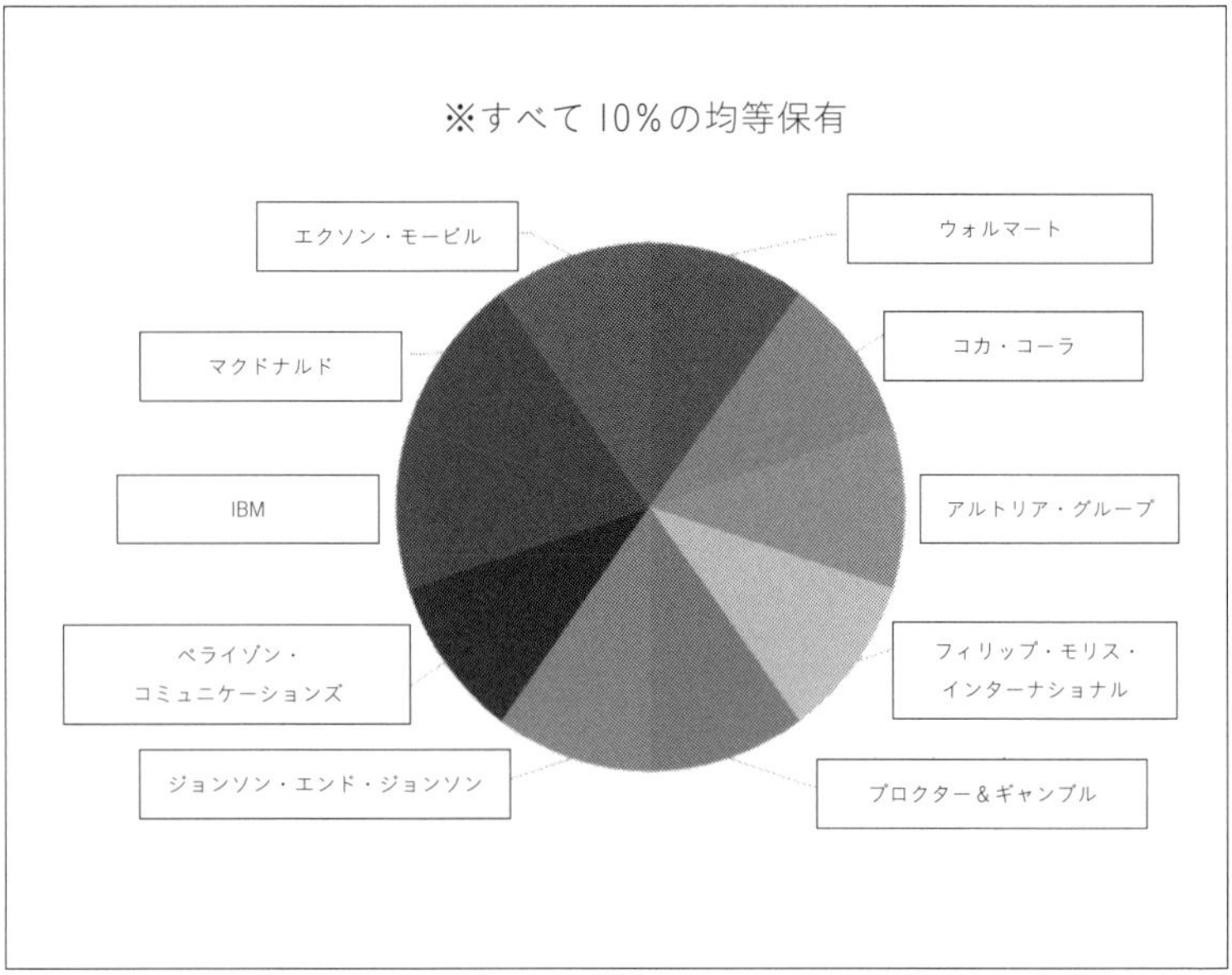


## ●バフェット太郎の税引き後累積収益額

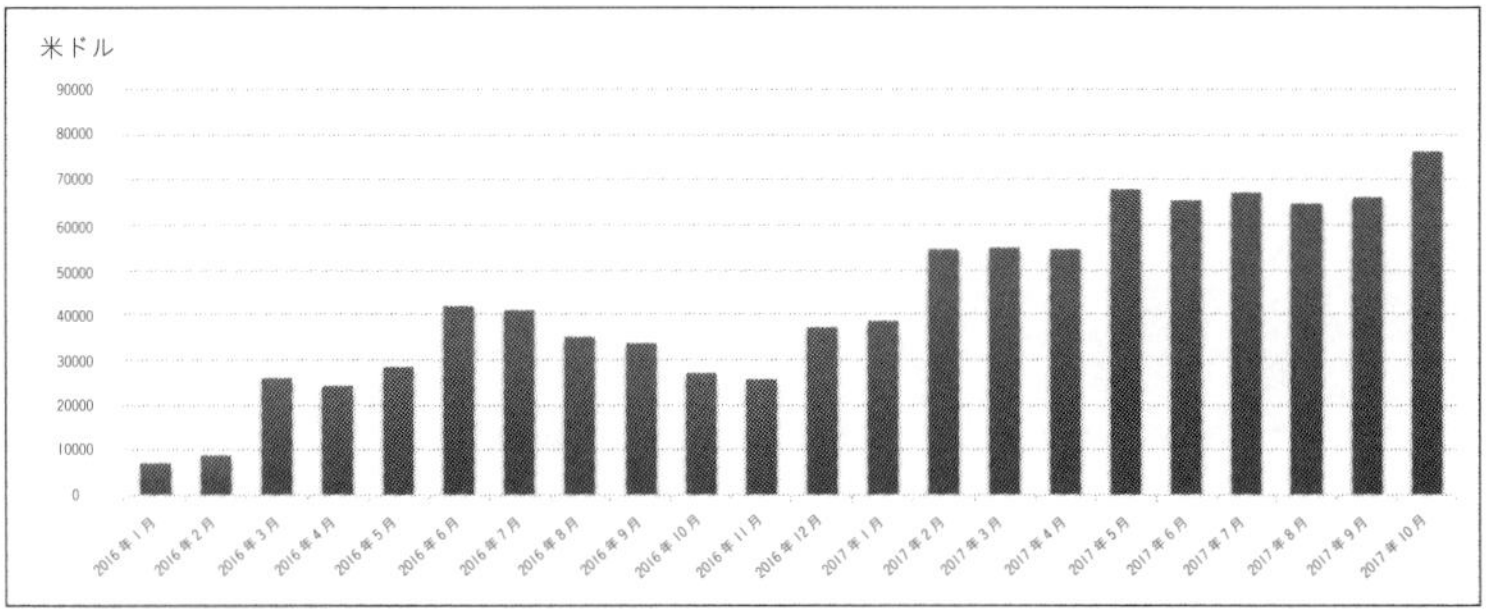

今現在（2017年12月）は1000万円を超えているので、

## ローリスクに2年で1000万円

稼いだわけです。リスクはもちろんありますが、暴騰株の一本釣りを狙うより全然リスクなんか少ないわけです。

バフェット太郎はコカ・コーラやジョンソン・エンド・ジョンソンなど、アメリカの超大型連続増配高配当株10社に均等分散投資していて、**配当を再投資することで資産の最大化を目指しています**。そのため、ポートフォリオは配当再投資戦略という投資スタイルに最適化されていて、まさにお金がお金を生むようにデザインされていますから、資産は永続的に増え続けることが期待できるわけです。

ちなみに、配当というのは会社が得た利益の一部を株主に支払うものです。たとえば、現在コカ・コーラ株に投資した場合約3％の配当を受け取ることができるので、100万円投資したら3万円分の配当金を受け取ることができます。

たとえば、1000ドルの配当金を受け取った場合、その配当金で1000ドル分の株を購入します。すると配当金で手に入れた株は

## タダ同然で手に入れたようなもの

ですから、たとえ株価が暴落して半値になったとしても、別に損をするわけではありません。さらにタダ同然で手に入れた株は四半期（三カ月）ごとに配当金を生むので、その配当金でまた株を買ってやるわけです。それを何度も何度も繰り返すと時間の経過とともにより多くのお金を生んでくれるようになります。

つまり、バフェット太郎のポートフォリオはお金がお金を生む「マネーマシン」となっているわけです。

このように、自分の代わりに働いてくれる「マネーマシン」を作ることができれば、自分が寝ている間も、一日24時間365日、休まずずっと働き続けてお金を生み続けてくれるのです。

## 最高かよ！

そう思ったあなただって「マネーマシン」を手に入れることはできるんです。しかし、ちょっとデザインを間違えればそのマシンは不良品となってしまいますし、メンテナンスを怠《おこた》ればいつ壊れてもおかしくないマシンとなってしまいます。

まぁ、メンテナンスと言っても時間が掛かるわけじゃないですし、バフェット太郎なんか

## 1カ月に1度、3分で終了

できるので時間のないサラリーマンでも全然簡単にできちゃうんですけどね。

では、「どうすればお金がお金を生む最高のマネーマシンを手に入れることができるのか」ってことなんですが、それには最も適した素材が必要で、これこそが「アメリカ株」になります。どうして米国株なのか、なぜ日本株ではないのか、そもそも英語できないん

ですけど？　などと心配しなくても大丈夫です。全部バフェット太郎が教えるから。

あと、最初に断っておかなければならないんですが、**唯一無二の完璧なマネーマシンなんてのもまた存在しません**からね。その理由も最後まで読めばわかると思うけど、あなたがマネーマシンを手に入れるヒントは絶対書いてるから、安心してページを繰《く》ってほしい。

コラム

## ガソスタ店員が37歳からはじめた米国株で10億円

2014年6月、米バーモント州に住むロナルド・リードという名のどこにでもいる普通のお爺さんが92歳で亡くなったことが、全米ニュースにまで発展しました。

リード氏はどこにでもいる普通のお爺さんでしたが、彼が少し普通と違ったのは、いつもボロボロの服を着ていて度々ホームレスに間違われたことと、愛読書が投資新聞「ウォールストリート・ジャーナル」だったということです。そして、全米を驚かせたのは、彼には約10億円もの資産があったということです。

リード氏は第二次世界大戦から帰国すると、25年間ガソリンスタンドで働き、その後は大手百貨店の用務員として働く、典型的な労働者階級の人でした。そんな彼がお金持ちになれたのは、宝くじに大当たりしたわけでも両親から莫大な遺産を引き継いだからでもなく、37歳から始めた米国株投資によるものだったのです。

リード氏は37歳で株式投資を始めると、最初にPG&Eコーポレーションという電力・ガス会社の株を買いました。投資額は現在価値に直すと約125万円くらいです。

ガソリンスタンドで働いていたことを考えれば、収入はそれほど高くないはずです。しかし、彼は倹約に努めることで投資資金を捻出《ねんしゅつ》し、最終的には95銘柄に投資しました。

保有銘柄は、銀行大手のウェルズ・ファーゴや日用品大手のプロクター&ギャンブルなど、どれも消費者に馴染みのあるブランドを所有している大企業の株ばかりで、かつ配当を出しているという共通点がありました。**投資スタイルは一度買ったら売らないという典型的な「バイ&ホールド」で、配当を再投資することで資産の最大化を目指したもので、本書で勧めている投資スタイルと共通しています。**

個人投資家の中には、積立投資するには遅いとか、収入が少ないから積立投資できないとか、言い訳ばかりする人がいますが、リード氏のように大型安定配当株に投資して配当再投資するだけで誰もがお金持ちになれるので、**始めるのに遅すぎるなんてことはありませんからね！**

# 第1章
# 本当は死ぬほど簡単な米国株投資

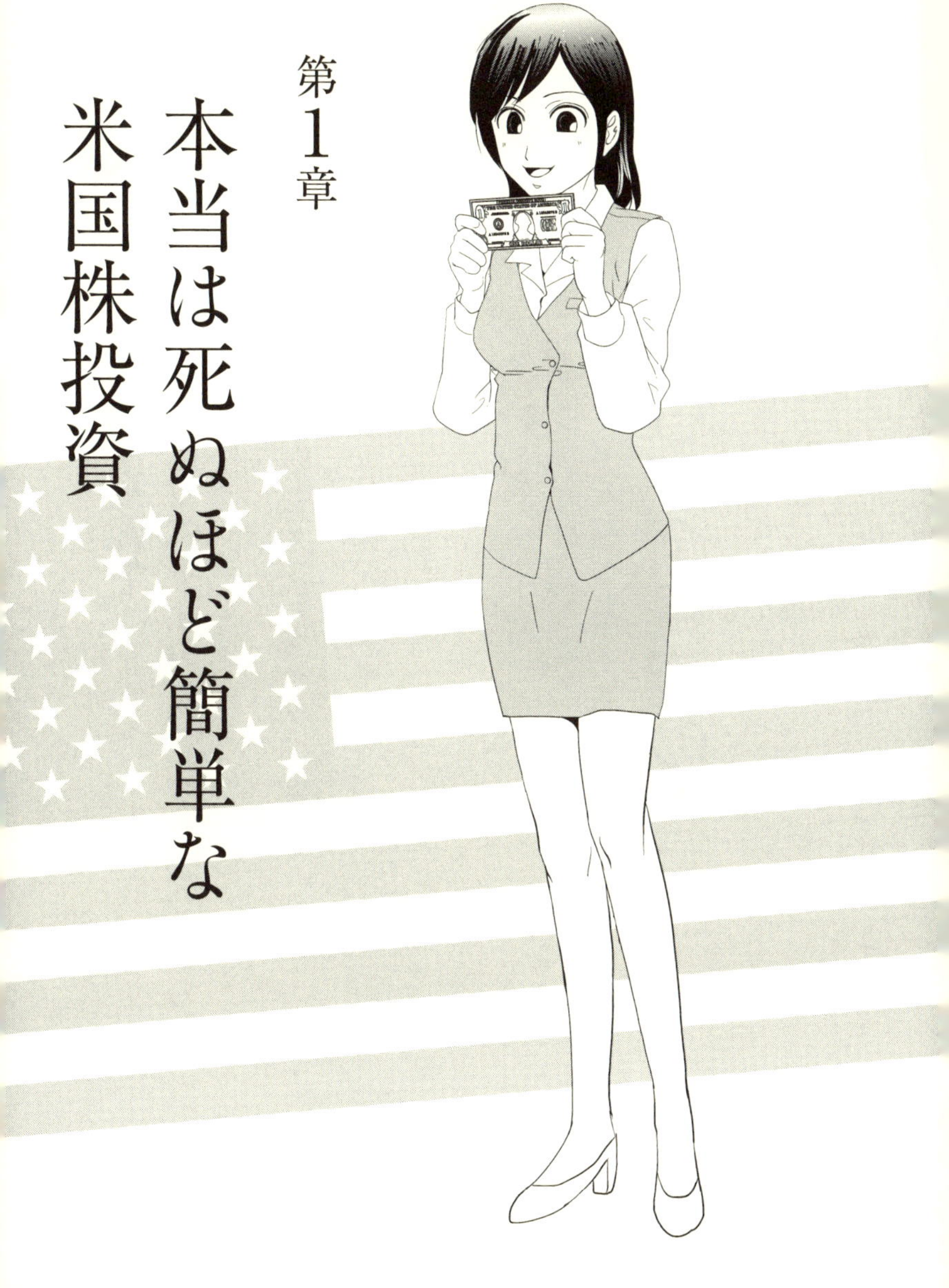

## 米国株投資なんて
## スタバでフラペチーノ飲むくらいカンタン

これから「米国株投資」を始めてみようかなって考えている人の中には「アメリカの株ってなんだか難しそうだな」とか「英語ができないとカモにされそう」「そもそも株で簡単に儲かるならみんなやっているだろ」とかグダグダ言って、なかなか前に踏み出せない人も少なくないと思います。

でも、大丈夫。米国株投資で儲けるのなんて死ぬほど簡単だし、英語もいらないしカモにもされない。むしろ

**世の中の奴らが全員俺のカモ**

なんじゃないかなって思うくらい米国株投資は簡単だから大丈夫。

たとえば、皆さんは日々の日常生活の中でアメリカ製の製品やサービスを日常的に利用

していると思うんですよ。iPhoneとかアマゾンとかスタバとか。これらを利用するのに英語って必要ですか？　いらないですよね。

それと同じで別に英語ができなくても、みんなアップルが何を作っている会社か知っているし、アマゾンがどういうサービスをしてくれる会社かも知っている。だから

## スタバでフラペチーノを飲むこととスタバの株を買うことは

それと同じくらい簡単なわけです。

しかし、日本の個人投資家はなぜか「英語ができなければアメリカ株に投資してもカモにされるだけ」とか言って、すごく消極的になるわけです。まぁ、それも仕方ないのかなとも思うわけです。なんでかって言うと、**日本の個人投資家の平均年齢なんて60歳以上で**すからね。老い先が短いんだから消極的になるのもわかります。

別の言い方をすると時代に取り残されているんですよ。日本の個人投資家って。今はインターネットで世界中のマーケットにアクセスができるし、日本株なんかよりよっぽど有望な銘柄に投資することだってできるわけです。

そもそも株式投資って、その会社のオーナーになるってことなんですけど、オーナーになるってことはその会社の分け前を貰《もら》えるっていうわけです。たとえば、あなたがスタバ株に投資すれば、その日からあなたはスタバのオーナーですから、スタバにいるお客さんがみんな自分のためにお金を落してくれるカモ（お客様）に見えるわけです。

あるいは、あなたがアップルに投資すれば、その日からあなたはアップルのオーナーですから、道行く人たちが iPhone を手にしていたら、

# 「お、我が社の製品を使っているな」

となぜかオーナーみたいなことを思うわけです。実際、株主はオーナーなんだから間違ってない。

じゃあ、あなたがこれからどの会社に投資しようかと考えたとき、アップルのオーナーになったほうが賢いと思うのか、あるいは東芝のオーナーになったほうが賢いと考えるのか。

**日本の個人投資家はなぜだかわからないけれど、「東芝」を選ぶわけです。で、株主総会で怒号を飛ばす**わけです。

そんなの完全にキ○ガイかつ時代の変化に取り残された情弱旧人類だしマジで可哀想《かわいそう》。マジで乙乙。くらいに思うわけでありまして、言い過ぎでも何でもないと思うんですよ。だって、怒号飛ばすくらいなら投資資金を引き揚げて、アップル株買ったほうがよっぽど楽しい人生が送れそうじゃないですか。

で、そう考えるとアメリカ株って思ったより簡単だなってことがわかると思いますし、

## 英語なんかできなくても何も問題ない

んだなってこともわかると思うんです。

まぁ、それでも米国株投資をする上で情報って無いよりはあったほうがいいし、（人によっては情報を遮断して気絶していてもらったほうがいいこともありますが）自分が今何をやっているのかってことを最低限把握しておくことも必要だなとも思います。そこで、バフェット太郎が普段利用している「秘密の情報源」を紹介します。

## 米国株投資家のための秘密の情報源

「米国株投資家のための秘密の情報源」なんて煽《あお》ってしまいましたが、そもそも「秘密の情報源」とかそんなのないし、投資で成功するために特別な情報源は必要ありません。

株式投資の世界には急騰《きゅうとう》間違いなしの成長株を教えてくれる有料情報サイトやメールマガジンがありますが、

## あれは全部詐欺です

「いや、さすがに全部ってことはないやろｗｗ」って言いたい人もいるかもしれませんが、全部詐欺です。

これはちょっと考えればわかることなのですが、仮に年間で30％の値上がり益が期待できる銘柄に投資し続けることができるのであれば、３００万円を元手に40年間運用するだけで１０８４億円にもなってしまうからです。

そんなに儲かるのならどうしてわずか数千〜数万円の料金であなたに金の卵を産むガチョウを紹介するのでしょうか？

もちろん、答えはひとつで、カモになるバカが世の中にはゴマンといるからです。

そもそも**「投資の神様」と呼ばれているウォーレン・バフェットですら、過去37年間の年率平均利回りが22・6％程度**だったことを考えれば、それを上回るパフォーマンスは期待すべきではありません。

世の中には年間30％の利回りを出すファンドは一応存在はしますが、それらはほとんど「まぐれ」であり、長期的にそのパフォーマンスを維持することは不可能です。また、多くのファンドマネジャーは長期的に見れば市場平均以下のパフォーマンスであるため、仮にバフェットや市場平均のパフォーマンスを超えることのできるファンドマネジャーがいたとしても、それを事前に知り、そのファンドマネジャーにお金を預けることなど不可能です。

そう考えると、個人投資家はどれくらいのリターンで満足すればいいの？　ていう話になるんですが、**実質トータルリターン6〜7％**になります。これが過去２００年にわたる市場平均の年平均リターンであり、今後も期待できるリターンです。

誰が計算したんだよって話ですが「すっごい頭のいい学者や機関投資家が計算した結果そうなった」くらいに思っていてください。

ちなみに**「実質」っていうのはインフレ調整済みのことで、たとえば、今後年平均2％**

## 単語が難しかったらコレ読んで

### ETF

ETFとはダウ平均やS&P500種指数、日経平均株価などの株価指数と連動するように運用される投資信託のことです。ETFは上場しているので、株式と同じようにリアルタイムで売買することができる一方、市場価額は数百ドルからで、株式の取得と同様に手数料が掛かるので、少額からの投資には不向きです。

### インデックスファンド

ETFと同様に、ダウ平均やS&P500種指数といった株価指数に連動するように運用される投資信託の一種です。ETFと違い非上場であるため、一日一回算出される基準価額で売買しなければならない一方、購入手数料が無料で100円からの積立投資もできるなど、少額からでも安心して投資ができます。

**で物価が上昇した場合、名目リターンは8〜9%になるわけですが、インフレを考慮すれば実質6〜7%っていう意味**だよねってことです。

そこで、市場平均に投資する方法ですが、S&P500種指数という米国の主要企業500社の株価をもとに算出する指数があります。

日本でいうなら日経平均株価みたいなもんです。

これに手軽に投資できるETFとかインデックスファンドと呼ばれる金融商品があるわけです。これに投資すれば、誰もが市場平均並みのリターンが期待できるのです。

したがって、S&P500ETFに投資するだけで「マネーマシン」のデザインは完成です。

「なにそれ、簡単すぎワロタww　てか、簡単すぎてむしろこれこそが詐欺なのでは？」と疑う人もいるかもしれませんが、そんなことはありません。事実、バフェットをはじめとして多くの著名投資家たちが

# S&P500ETFへの投資を推奨

しているのだから。

でもやっぱり、誰もがS&P500ETFに集中投資するということをやってないわけで、投資の世界は「わかっているけど誰もやらない」という摩訶不思議《まかふしぎ》な世界になっているのです。

とはいえ、世のなかには「わかっているけど誰もやらない」ってことは他にもあると思うんですよ。たとえば「ダイエット」なんかがその典型で、食事制限と適度な運動を繰返せば誰だって痩《や》せられるはずです。まぁ、そういうことを言うと「遺伝がー」とか言って突っかかってくる人もいますが、ホリエモンが刑務所から出てきた時に「あなた誰？」って思ったように、獄中生活を何年もすれば遺伝も何も関係なく痩せられるわけです。

でも、誰もシャバで獄中のような食生活なんて送りたくもないし、適度な運動とかもめんどくさい。

したがって、投資の世界では一般的に正しいとされているマネーマシンの作り方は誰でも知っているけど、そのマシンを手に入れたところで自分の手には負えないわけです。そのため、自分の性格に合ったオリジナルの「マネーマシン」をつくる必要があるわけです。そつまり、あなたが唯一無二の存在であることこそが唯一無二の完璧なマネーマシンが存在しない理由になります。

というわけで、自分のオリジナルのマネーマシンをつくるためにも、やはり最低限の投資の勉強をしないよりはしたほうがいいわけであります。また、作ったあとは運用するわけですから、最低限の情報も必要です。そこで、普段バフェット太郎が利用している情報源を紹介させていただきますと、**「ウォールストリート・ジャーナル」**や**「ロイター」「ブルームバーグ」などのニュースサイト**を利用している次第です。もちろん**日本語版**です！

普通かよ！ って思うかもしれませんが、そもそも投資の世界で特別な情報なんて必要ありませんし、個人投資家は日々の経済活動の動きを把握するだけで十分なんです。深く投資の勉強をしたいなら、巻末に紹介している参考文献なんかを手当たり次第にたくさん読んでくれれば大丈夫なわけですが、正直お金も時間もかかりますから、**本書はそれらの英知を終結させているのでこれ一冊じっくりと読んでいただければ**と思います。

ところで、これから米国株投資を始める人は、どこで米国株を買えばいいのか、そもそも投資を始めるのにいくらくらい必要なのかなど、今さら聞けないなんてこともあると思いますのでちょっとだけまとめておきますね。

## 「米国株ってどこで買うの？」って人へ 基礎のキから教えます！

### ●証券会社の比較

| 17年10月末現在 | 証券会社 | マネックス証券 | 楽天証券 | SBI証券 |
| --- | --- | --- | --- | --- |
| 取扱銘柄数 | 普通株・ADR・ETF | 3351 | 1333 | 1395 |
| 手数料 | | 約定代金の0.45%、最低5米ドル-最大20米ドル | | |
| 注文方法 | 注文方法 | 指値、成行、逆指値 | 指値、成行 | 指値、成行 |
| | 取引単位 | 1株(1口) | 1株(1口) | 1株(1口) |
| | 決済通貨 | 米ドルのみ | 日本円、米ドル | 日本円、米ドル |
| 取引口座 | 一般口座 | ○ | ○ | ○ |
| | 特定口座 | ○ | ○ | ○ |
| | NISA口座 | ○ | ○ | ○ |
| 取引時間(日本時間) | | 【通常】23:30-6:00【夏時間】22:30-5:00 | | |

**①どこで買う？**

購入は手数料の割安なネット証券を利用してください。日本で米国株取引に強い証券会社は「マネックス証券」「楽天証券」「SBI証券」の三社で、バフェット太郎は楽天証券を利用しています。

どこの証券会社を選んでも問題ないのですが、少しだけ違いもあります。たとえば、取扱銘柄数はマネックス証券の3351銘柄に対して楽天証券は1333銘柄しかありません。とはいえ、日本の個人投資家にとってよくわからない銘柄に投資するメリットはあまりありませんから、**実際1000銘柄もあれば十分ですし、取扱銘柄数の多さは特に重要ではありません。**

最も重要なのは「取引手数料」なのですが、三社とも「約定（買い・売りの注文が執行されること）代金の0・45％、最低5米ドル〜最大20米ドル」と同じですし、注文方法も指値《さしね》と成行《なりゆき》があれば十分です。ただし、**決済通貨はマネックス証券のみ米ドルに限られているので、米国株に投資する前にあらかじめドルに両替する必要があります。**

**②一度にどのくらい買うべき？**

取引単位は1株からになっています。たとえば日本株は100株単位が普通なので、株価5000円の銘柄を買おうと思ったら50万円も必要になるわけです。しかし、米国株は1株単位で買えるのでアップル株は200ドルも出せば買えてしまいます。ただし、気を付けなければならないこともあります。それは**安いからと言ってアップル株を1株だけ買えば手数料が割高につく**ということです。

たとえば、一株170ドルとした場合、最低5ドルの手数料が発生するので手数料率は2.9％になります。しかし、十株買えば約定代金は1700ドルになりますから、手数料は7・65ドルとなり、手数料率は0・45％になります。わずかな違いも長期で運用すればするほどやがて大きな違いになるので、

## 約定代金が最低でも1120ドル以上

になるように計算して投資してください。

**③税金は？**

また、譲渡益（株を売って儲かった利益）にかかる税金ですが、租税条約により現地では課税されず、日本国内で課税されます。投資をしたことがない人にとって見れば何それ？　って思うかもしれませんが、日本株も米国株も株を売って儲かった利益には20・315％の国内課税がかかるのです。

加えて、配当金に関しては現地課税10％が差し引かれた後に国内課税20・315％が掛かるので、**合計28・283％が差し引かれます。**ただし、現地課税分の10％に対しては、確定申告すれば還付を受けることが可能なので、

## 忘れずに確定申告する

ようにしましょう。しなかったら現地課税分の還付を受け取ることはできませんからね。さらに、譲渡益課税分、配当課税分は、確定申告により株式の売却益と損益通算させることができるので、**年末に含み損を抱えている株を売って、税金を安くすることもできます。**

**④口座種類は何を選ぶ？**

口座には「一般口座」「特定口座」「ＮＩＳＡ口座」がありますが、**普通、「特定口座」か「NISA口座」**を選びます。「一般口座」は「年間取引報告書」を自分で作成する必要があるので普通は選びません。また、「特定口座」には源泉徴収ありとなしの二種類があり、源泉徴収ありの場合は確定申告しなくてもいいのですが、なしの場合は確定申告する必要があります。多くの人は「特定口座の源泉徴収あり」を選んでいるわけですが、まぁ、**米国株投資家の場合は配当の還付を受けとるために、結局確定申告はしなくちゃいけない**ですけどね。

「ＮＩＳＡ口座」についてですが、日本株同様に米国株も利用できます。ただし、**NISA口座であっても、配当の現地課税分は非課税になりませんし、もともと非課税であるNISA口座の損益は確定申告で損益通算することもできない**ので、特定口座を持っている人はどちらで運用するか一考の余地があると思います。

# 第2章 米国株が最強すぎる理由を挙げてみた

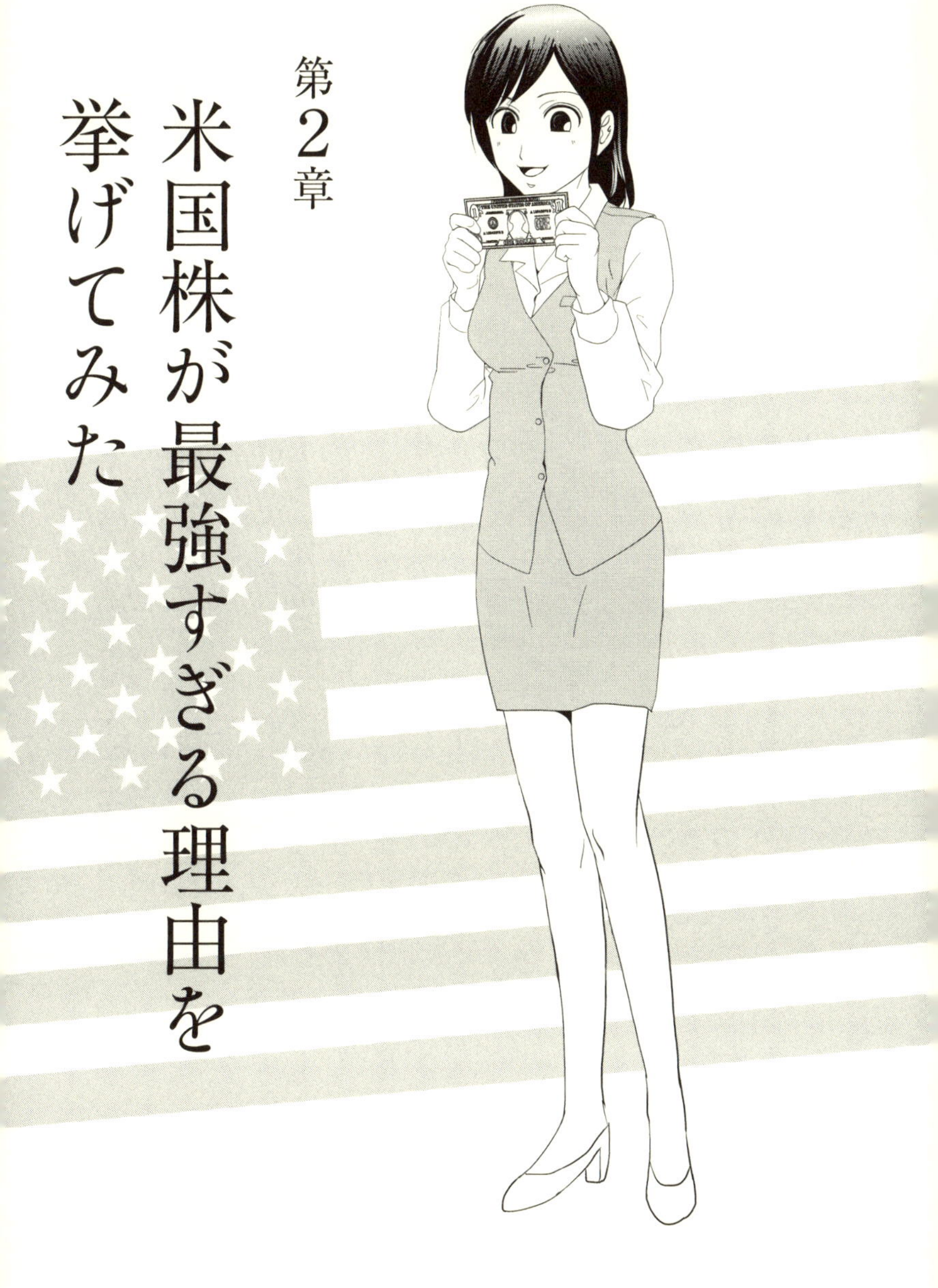

# 200年間の資料を調べた結果「債券より株式」って証明された

お金がお金を生む「マネーマシン」をデザインする上で、欠かせないのが「株式」です。みなさんは理由が何であれ、お金持ちになりたいからこそ投資をしようと考えているのだと思うんですけど、第一章でも述べたように投資の世界にはS&P500ETFに投資すべきということが最適解の一つとして言われています。

これは、過去200年間を振り返ると、いつの時代も債券より株式のほうがリターンが大きかったためで、この傾向はこれからもずっと続くだろうと言われているからなのです。

ちなみに、この200年間にも及ぶ膨大な歴史を調べたのが米国のジェレミー・シーゲル博士で、著書の『株式投資』において、1802年から2006年までの204年間のいずれの時代も株式が債券のリターンを上回ったことを明らかにしました。

「1802-2006」の204年間の実質トータルリターンは株式が6・8%だったの

## ●株式は債券より2倍儲かる！

| 時期 | | 実質トータルリターン(%) | | | 物価上昇率(%) |
|---|---|---|---|---|---|
| | | 株式 | 長期国債 | 短期国債 | |
| 1802-2006 | | 6.8 | 3.5 | 2.8 | 1.4 |
| 1871-2006 | | 6.7 | 2.9 | 1.7 | 2.0 |
| 第Ⅰ期1802-1870 | | 7.0 | 4.8 | 5.1 | 0.1 |
| 第Ⅱ期1871-1925 | | 6.6 | 3.7 | 3.2 | 0.6 |
| 第Ⅲ期1926-2006 | | 6.8 | 2.4 | 0.7 | 3.0 |
| 戦後 | 1946-2006 | 6.9 | 1.6 | 0.6 | 4.0 |
| | 1946-1965 | 10.0 | -1.2 | -0.8 | 2.8 |
| | 1966-1981 | -0.4 | -4.2 | -0.2 | 7.0 |
| | 1982-1999 | 13.6 | 8.5 | 2.9 | 3.3 |
| | 1985-2006 | 8.4 | 7.2 | 1.7 | 3.0 |

一定して高い！　下がっている

出所：ジェレミー・シーゲル「株式投資」

に対して米長期債は3・5%、米短期債は2・8%でした。また、戦後「1946-2006」の60年間の実質トータルリターンは株式6・9%に対して米長期債1・6%、米短期債0・6%と、やはり株式が債券を上回りました。

そして注目すべきは**戦前と戦後で株式の実質トータルリターンはほぼ同じだったのに対して、債券のそれは戦後が戦前を大きく下回った**のです。これはインフレ率の上昇が債券のパフォーマンスを悪化させたことが原因です。

ちなみに、国債っていうのは国が発行する債券のことで、投資家は国債に投資することであらかじめ設定された利息を得ることができます。また、**元本**（元の投資資金）**が国によって保証されているため比較的安全な投資対象**とされています。

たとえば、債券利回り２・40％の米10年債に１万ドル投資した場合、投資家は10年間で２４００ドル（２４０ドル×10年間）の利息を受け取り、10年後に１万ドルが返ってくるので、当初の１万ドルは１万２４００ドルになります。また、その利息を10年間再投資し続けた場合、10年後に１万２６７６・51ドル受け取ることができます。

ただし、**債券にはインフレに弱いというデメリットがあります**。たとえばインフレ率が同じく年２・４％で10年間続いたとすると、今日の１万ドルの価値は10年後の１万２６７６・51ドルであることを意味するので、債券利回りとインフレ率が同じである場合、実質的な儲けはありません。加えて、インフレ率が債券利回りを上回れば、実質的に損をすることを意味するので、**長期的にインフレが予想される場合、債券への投資は報われません**。

事実、戦後のインフレ局面（１９４６-１９８１）で債券の実質トータルリターンがマイナスに陥っています。

実は米国のインフレ率の上昇は戦後以降によるもので、戦前はほとんどインフレ率の上昇が見られませんでした。理論上、債券利回りはインフレ率に連動すると言われているので、インフレ率が上昇すれば債券利回りも上昇するため、パフォーマンスに影響を及ぼさないなんて考えられていますが、実際は全然そんなことなくて、債券利回りはインフレ率の上昇に追いつかなかったのです。

一方で企業収益は物価の上昇、すなわちインフレ率の上昇に連動して拡大するため、増収増益を達成することができます。また、企業は配当を出し、株主はそれを再投資することでトータルリターンを上昇させることができたのです。

そのため、今後インフレ率が上昇すると予想されている中では、株式と債券の実質トータルリターンの差は拡大すると予想されるわけです。

ハイ！　ここんとこ読み飛ばした人も、これだけは覚えておいてください。何が言いたいかっていいますと、あなたがお金持ちになりたいなら、

# 債券なんかではなく株式に投資するべし

ってことです。もし、お金持ちになりたいのに債券に投資しているのであれば、それは言っていることとやっていることが間違っていることに他なりません。

じゃあ、世の中の債券に投資している投資家はみんなバカなのかって言うとそんなことは全然なくて、**彼らは自分のリスク許容度を考えた上で、債券に投資してリスクを抑えているのです。**

ちなみに、金融の世界ではリスクを「危険度」ではなく「変動率」と訳します。つまり、上にも下にも大きく振れる資産を「リスクの大きな資産」と言うので、**臆病者で心配性の投資家はポートフォリオに債券を組み入れることで全体のリスクを抑え、心を平穏に保つ**わけです。

反対に自分のリスク許容度を超えたリスクに晒《さら》されると、人はパニックを起こして株を投げ売りしたりします。ほら、株価の暴落でみんなが株を投げ売りしたりするニュースを見たことがあるでしょ？　あれはみんな、自分のリスク許容度を超えた運用をした結果起きていることに他ならないのです。

では、個人投資家がより多くの資金を株式に振り分けるにはどうしたらいいのでしょうか。別の言い方をすれば、リスク許容度を大きくするためにはどうすればいいのでしょうか。

結論から言えば、株価の変動は必然と考えて、保守的な銘柄を選ぶことです。金融市場は複雑怪奇で、将来起こり得ることを正確に予想することは誰にもできません。したがって、**まさかの暴落に備えて、地味で退屈な大型ディフェンシブ銘柄なんかを選好しておくと、より多くの資金を株式に集中させることができる**はずです。

ちなみに、「保守的な銘柄」とか「ディフェンシブ銘柄」というのは、主に生活必需品セクターや公益セクター、通信セクター、ヘルスケアセクターなど、景気動向に左右されない安定した銘柄のことです。

# 配当投資するなら絶対アメリカ！っていうこれだけの根拠

「何に投資すべきか」、その答えが「株式」であるなら、どうして日本人は株式投資をしてお金持ちになることができなかったのでしょうか。

これは「１９８９年にバブルが崩壊して以降、日本株が長期で低迷し続けてきたから」です。じゃあどうして当時の日本人は米国株をはじめとした外国株に投資しなかったのか、っていうことが重要なんです。

当時の日本はネット証券なんてありませんでしたから、外国株投資へのアクセスが限られていたわけです。そのため、多くの個人投資家は日本株で短期投資するか長期投資するかしか選択肢がなかったんです。

そもそも短期投資はゼロサムゲームと言って、儲けと損失の合計がゼロになるゲームのことをいいます。たとえば、１ドルを賭けてじゃんけんをした場合、一方は１ドル儲けて、他方は1ドル損をします。この合計はゼロになるのでゼロサムゲームです。

ただし、**短期投資はこれに手数料が掛かるのでマイナスサムゲームとなり、やればやるほど損をするゲーム**になっています。したがって、短期投資をしても多くの個人投資家は損をするだけなんです。

一方で長期投資はプラスサムゲームとなり得ます。たとえば、一株1ドルの価値があると言われている企業の株が1ドル（適正価格）で売られていたとします。その企業の業績が順調に拡大した結果、数年後には誰もが一株3ドルの価値があると評価する企業に成長したとすると、当初1ドルでこの会社の株に投資していた投資家全員が3倍のリターンを手にしたことになるわけです。

このように、**株価は企業の業績が拡大し続ける限り上昇する傾向があるので、長期投資はプラスサムゲーム**と言われるんです。

次のチャートは日経平均株価の30年チャートです。たとえ長期投資がプラスサムゲームだと言っても、企業業績が減少し続ければプラスサムゲームにはなりません。

## ●右肩上がり！　とは死んでも言えない日経平均

日経平均 1987-2017

日本は96年以降、労働生産人口（15〜64歳までの働ける人の数）が低迷し続け、企業は過剰な設備投資と事業の縮小が後手に回ったことから業績が悪化し続けました。また、割高だったバリュエーションが低下したことも株価を押し下げる原因となりました。

そのため、**日本人は短期投資でも長期投資でも投資で損をしたので、多くの日本人は株式投資に悪いイメージしか持っていないんです。**事実、あなたの周りの人たちはみんな株式投資に対して悪いイメージを持っているでしょ？

しかし時代は代わりました。誰もが世

界の株式市場に簡単に分散投資することができるようになったので、日本の投資家たちは日本というひとつの市場に縛られることはなくなったのであります。

そもそも**日本の株式市場なんて世界の時価総額で言えばわずか10%にも満たない小さな市場**でしかありませんからね。一方で**米国の株式市場は全体の半分を占めている**ので、米国の株式市場を中心に投資することは世界の投資家からすれば当然のことなんです。

まぁ、こういう時代背景もあったため、日本人は日本株でお金持ちになることができなかったのでありますが、これからはどうでしょうか。

近年、アベノミクスの恩恵を受けて日本株は総じて好調です。しかし、バフェット太郎はこれは単純に為替要因が大きいんじゃないかなと考えています。

次ページのチャートは２０００年以降の日経平均株価とドル円の推移を表しています。このチャートを眺めると、日本株はこれまで為替と強い相関関係にあることがわかります。

つまり、近年の株価上昇は為替要因によるものであると考えるのが自然で、**円高にな**

## ●円高になれば日本株は売られる？

2000年以降の日経平均株価とドル円相場

**れば再び日本株は売られる**んじゃないかなってことは容易に想像がつくわけです。

確かに、業績と株価が一時的に下がっても安定した配当を出してくれるのなら、割安な高配当株を買い増すことで長期的なトータルリターンの最大化を目指すことができます。

しかし、日本株の場合は、そもそも米国株の連続増配株などと比べて事業構造が弱く、業績の低迷が一時的なものにとどまるのか、あるいは長期で低迷し続けてしまうのか経営陣にも判断ができず、結果的に応急措置的に減配をしてしまうのです。

最近のメディアの報道を見ていると、「日本株も連続増配株が増えてきた」なんて記事も見かけるようになりましたが、金融危機後の強気相場やアベノミクス相場に支えられているんだから当たり前の話なんです。大事なのは**業績が悪くなって株価が下がった時に配当を増配するかどうか**なんです。

将来の不況局面で日本企業が減配するのかどうかは誰にもわかりません。ただ、減配をしてきた日本企業に「次は減配せんやろｗｗ」と期待して投資することを正しいとは思いません。

**ドットコムバブル崩壊や１００年に一度の金融危機でも増配を繰り返してきた米国株にこれからも期待をして投資したほうが賢明**だと思うんですけど、何か間違ってますか？

## ガラケー→iPhoneくらい日本株→米国株は自然の流れ！

バフェット太郎はもともと日本株に投資していたのですが、当時、「日本のバフェット銘柄」なんていうのを一所懸命探して各社の有価証券報告書をむさぼるように読んでいたのですが、読めば読むほど日本株てマジでクソだななんて思うようになりまして、著名投資家ウォーレン・バフェットの言う所の「ワイドモート」（競争優位性の高い）銘柄が全然見当たらないことに不満を持っていたのであります。

しかし、米国株に目を移せば、参入障壁が高く競争優位性があり、圧倒的なネットワーク効果と市場シェアを有し、高い営業利益率を誇る銘柄がゴロゴロあるわけです。しかも資本効率を示すＲＯＥ（自己資本利益率）も総じて高く、25年以上連続で増配を繰り返す企業は

# 米国100社以上
# 日本は花王の1社のみ

マジでこれ何なのって思うし、もうそれなら米国株でいいでしょと思うのが自然だと思うのです。

例えて言うなら、08年に初めて「iPhone」を手に入れた時の衝撃に似ている。あの時、多くのメーカー担当者は日本企業が淘汰されることを悟ったし、実際その通りになった。自分にとって最も良い買い物は何かと考えた時、それが必ずしも日本製である必要はないし、デザインや操作性を考えれば、多くの人にとって「iPhone」はダントツにナンバーワンだったんです。

バフェット太郎が日本株ではなく米国株に投資するのも同じ理由で、経営指標、株主還元の姿勢、どれをとっても日本株は米国株に勝てないんだから、米国株に投資することはユーザーがガラケーではなくiPhoneを選ぶように必然だったわけです。

ところで、どれくらい経営指標とか株主還元の姿勢が違うのかについては次ページにグラフを用意したのでご覧いただければと思います。

ね？　米国株と日本株を比べるとまるで日本株がゴミのようでしょ？

グラフは全て各社の営業利益率を比較したものですが、営業利益率が高いということは、それだけ競争優位性の高いビジネスモデルを構築し、儲かる事業を保有していることを意

## ●見よ！　このコカ・コーラーのダントツっぷり

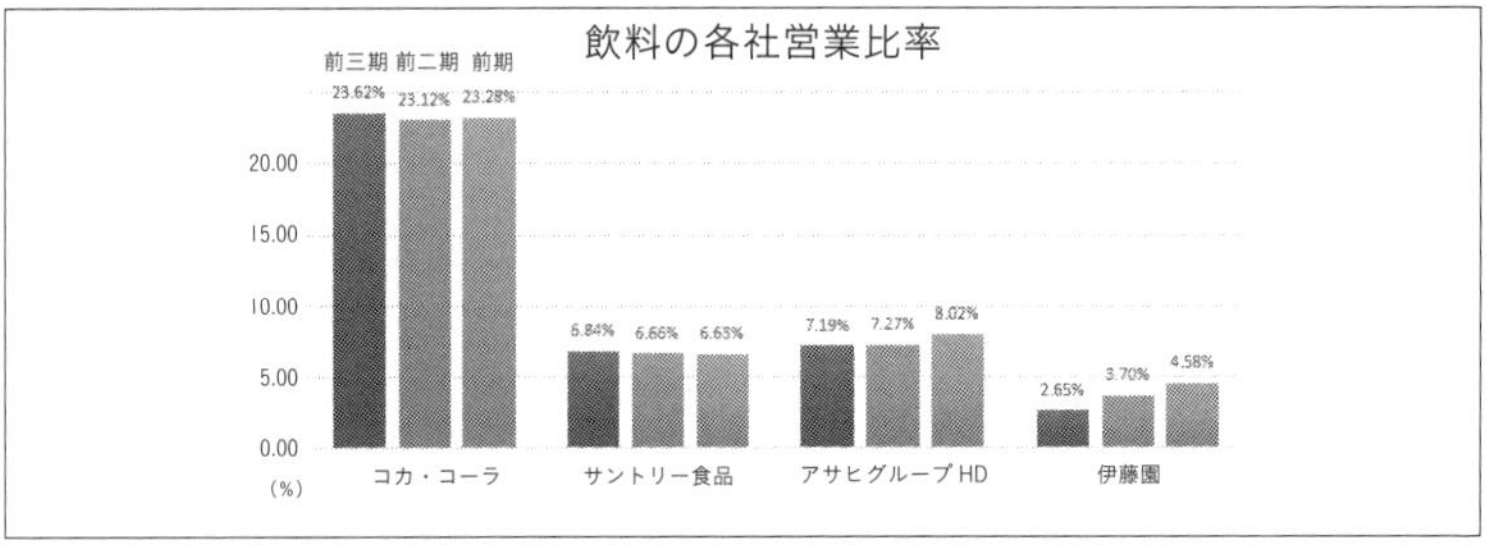


## ●花王も健闘しているものの・・・

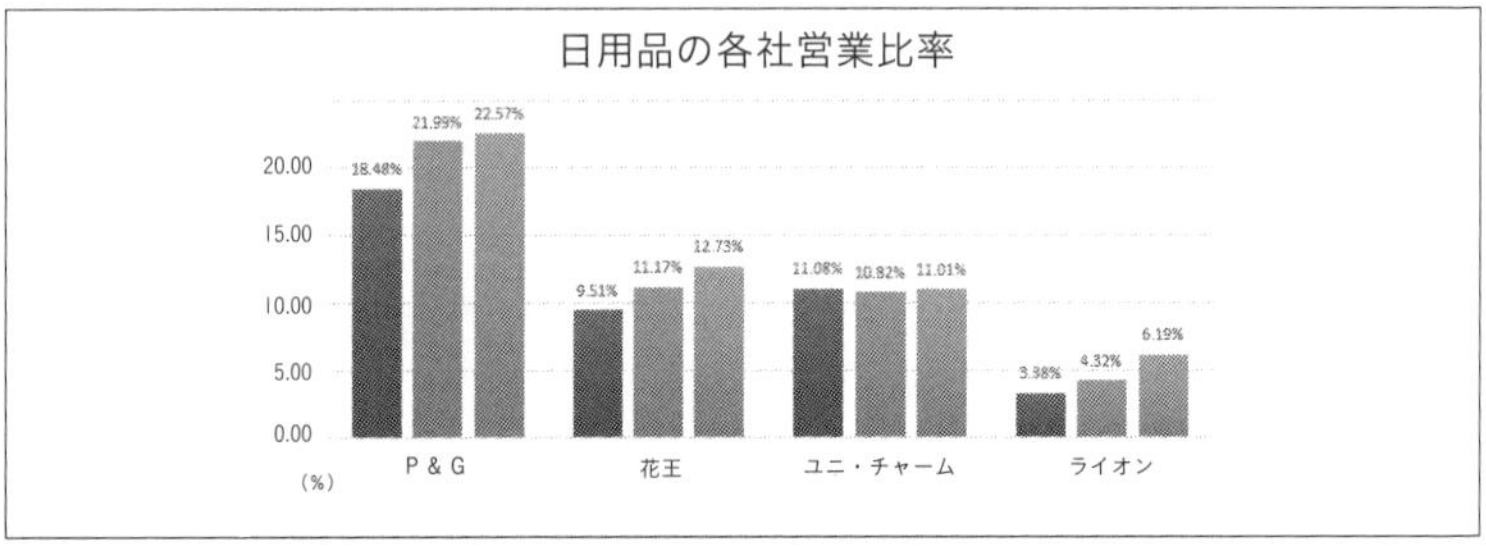


## ●Ｊ＆Ｊの営業利益率は驚異の約30%！

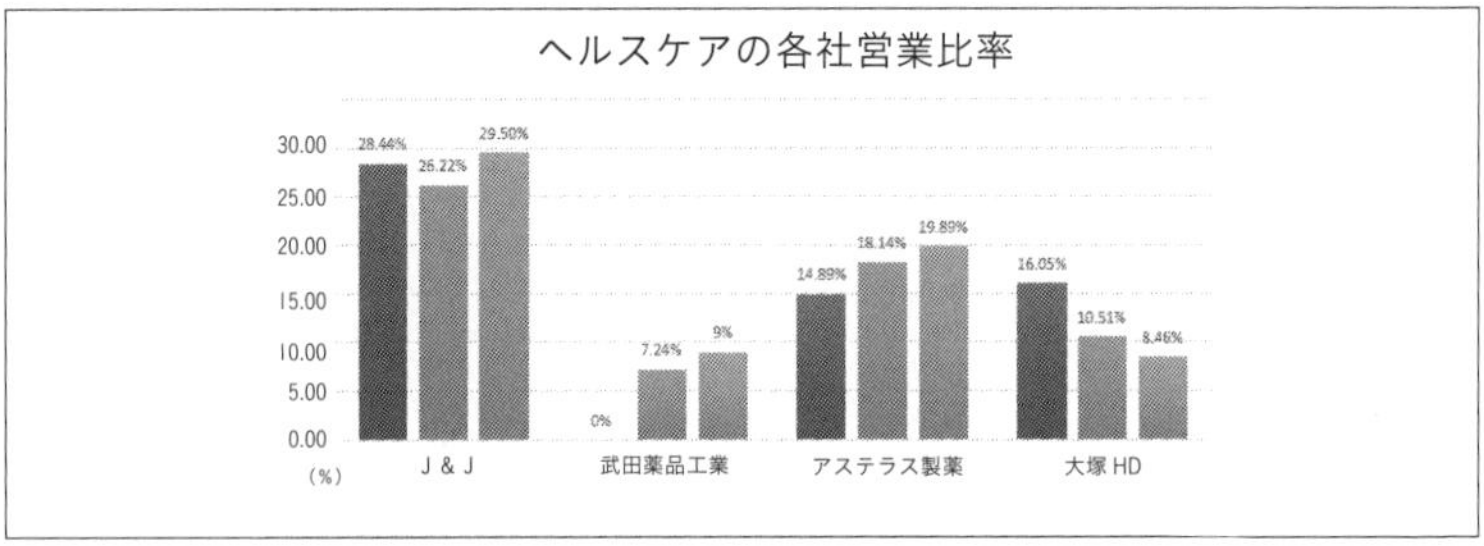


いずれも2014年12月期〜2016年12月期

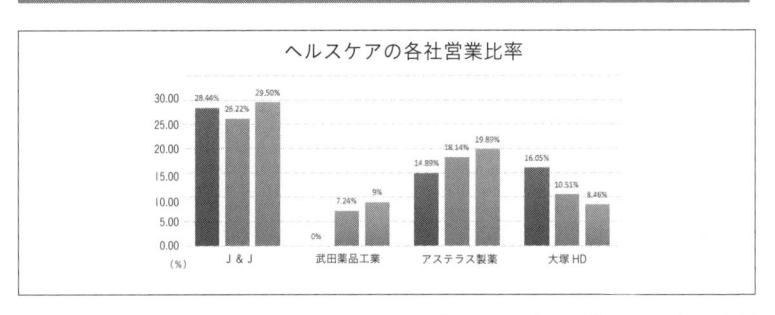

味します。逆に営業利益率が低いということは競争優位性が低く価格競争を強いれられ、経営へのプレッシャーが激しいと言うわけです。

ちなみに、営業利益率は15％以上が望ましいのですが、グラフを眺めると、この水準に三期連続で達成しているのは米国三社のみで、日本株は九社も用意したにも関わらず一社もありません。

また配当に関してもそうですが、コカ・コーラは54年連続増配、プロクター&ギャンブルは61年連続増配、ジョンソン・エンド・ジョンソンは54年連続増配と半世紀にわたって増配を実施してきました。一方で日本株は配当に消極的で不況の度に減配するため、25年以上連続で増配している企業は、先述のとおり花王だけです。

ところでどうして米国株は配当に積極的で日本株は配当に消極的なのかと言うと、これは国民の経営観の違いによるところが大きいと考えられます。

日本では企業の業績に対して「株主連帯責任」の精神が強いため、経営陣は「不況なんだから仕方ないでしょ、株主も一緒に責任取ってくださいね」と言わんばかりに平気で減配します。

一方米国において「減配は経営失格」の烙印が押されることを意味するので、簡単に減配することなどできないからです。

## 為替・税のリスクを補ってあまりある米国株の最強っぷり！

巷《ちまた》では、米国株投資は日本株投資よりもリスクが高いなんてことが平気で言われている。多分、これを読んでいる読者もそう思っているはず。

確かに米国株投資はリスクもあります。そりゃ、リスクはありますよ。投資だもん。ただ「米国株は日本株よりリスクが高い」っていうのは大ウソです。

**①為替リスクのウソ**

まず米国株の為替リスクについて話しましょう。

たとえば、**株高の中でドル安となれば「あれ、全然儲かってないな」ってことがありますし、株高ドル高となればビックリするくらい儲かっている時もあるし、株安ドル安となれば「証券会社のサイトぶっ壊れたのかな」ってくらい下がっている時**もあるわけです。

最近の例で言えば、２０１６年の４月中旬から６月末にかけて、ダウ平均は１万８１６７ドルから１万７３３１ドルまでマイナス４・６％ほど下げた局面があったわけですが、この時、為替は１ドル１２２円から１００円と大きくドルが売られたため、円建ての米国株資産がマイナス14・８％も下げたんです。

## ダウ平均5％以下の下げで自分の資産が15％近く下がる

だから、まぁまぁビックリするよね。まぁまぁね。バフェット太郎の資産だって右肩上がりだけど、上昇・下降を繰り返しながらの右肩上がりだからね。まあ、こんな感じで為替要因が原因で資産が予想以上に変動する場合もあるよってことです。

だけどこれは何も米国株特有のリスクってわけじゃなくて、日本株投資にも当然為替リスクはあります。

たとえば、P60に戻って、日経平均株価とドル円相場を見てもらうとわかりますが、円安が進めば日本株は買われ、円高が進めば日本株は売られるわけですから日本株だって為替のリスクがあるわけです。事実、2016年4月中旬から6月末まで米国株資産が円建てベースで予想以上に下げたあの局面、日経平均株価だって14％以上下げてますからね。

ただし、米国株投資をする場合、このような為替リスクを分散させる方法もあります。それはグローバル企業に投資するというアイディアです。たとえば、米P&Gの17年6月期の地域別売上高構成比は米国41・9％に対して米国外58・1％と売上高の半分以上を海外で稼いでいますし、タバコの「マールボロ」を製造・販売しているフィリップ・モリス・インターナショナルは売上高全体の100％を米国外で稼いでいます。

つまり、**こうしたグローバル企業に投資すれば、為替リスクを分散させることができる**んです。

●「税制上の不利」を補ってあまりあるS&P 500指数

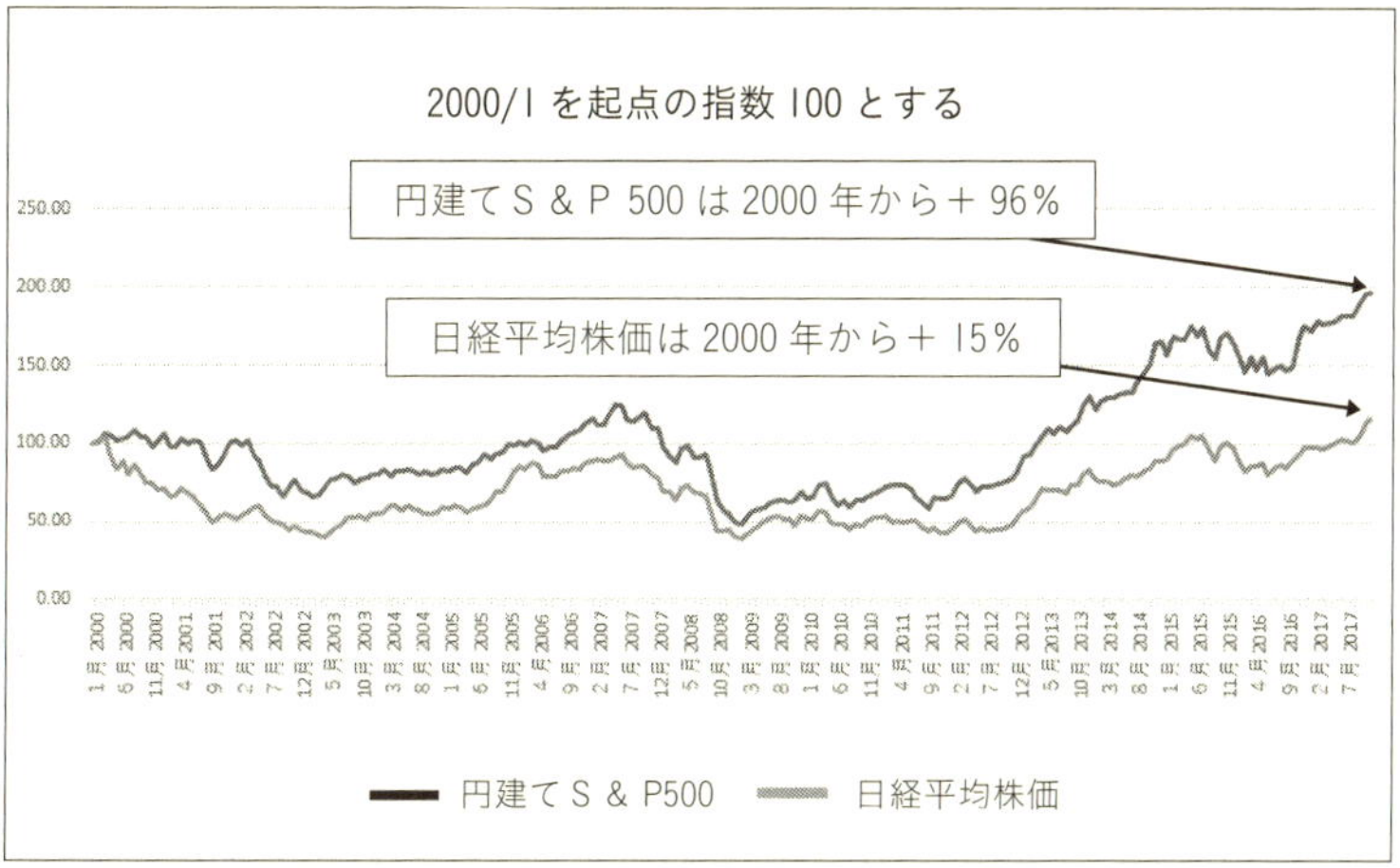


円建てS&P 500指数と日経平均株価

**②税リスクのウソ**

次に、税のリスクです。先のとおり、米国株投資は譲渡益こそ日本株と同じく年間通算損益の20・315%であるものの、配当金に至っては日米で二重課税方式となっているため、現地課税の10%が差し引かれることから、米国株投資は日本株投資に比べて不利と言われてます。

まぁ、現地課税10%のうち（所得にもよりますが）半分くらいは確定申告で戻ってくると思うので**実質5%**くらいになりますが。ただし、そうした「税制上不利」って意見が間違っているってことは上のチャートを見ればわかると思います。

このチャートは、2000年1月から2017年7月までの円建てS&P500指数と日経平均株価のチャートです。2000年1月を100の起点指数としています。

このチャートを眺めると、円建てS&P500指数がプラス96・45%高に対して、日経平均株価はわずかプラス15・65%に留まりました。これにそれぞれ配当利回り2%を加算したとして、それぞれ**税金を差し引いたとしても、税引き後の配当利回りが米国株の場合1・5%になり、日本株の場合1・6%になる**だけなのでほとんど差はありません。

さらに、日本株は平気で減配することから、場合によっては米国株のほうが配当利回りが高くなることだってあるわけです。

つまり、現地課税で実質5%程度の不利を受けたとしても、米国株が日本株よりも不利になるなんてことはないわけです。また、広く地域分散された事業を持つグローバル企業に投資さえすれば為替リスクだって軽減できるわけですから、米国株は日本株よりもリスクが高いとか不利だっていう意見は間違っていることがわかると思います。

## 米国株はブームじゃなくって これからのスタンダード

バフェット太郎は米国株に集中投資しているので、読者の中には「ポジショントーク乙ｗｗ」とか「米国株ブームが終われば誰も米国株投資なんかやらなくなるｗｗ」と思ってる人も少なくないはず。

まぁ、米国株に投資せず「米国株いいよ！」って言っても「じゃあお前やれよ」って言われるだけなので、ポジショントークだなんだ言われても構いませんが、もし「米国株ブームが終われば米国株投資なんて誰もやらなくなる」なんて考えているのなら、それは完全に間違っているからね。

今、日本の個人投資家の間で何が起こっているのかと言いますと、これまで日本の個人投資家にとって日本株が主流だったのが、これからは米国株が主流になるっていう大きなトレンドの変化なんです。マジで？　って思うかもしれないけどマジです。

## ●原始人のように電話取引している投資家も多いわけです・・・

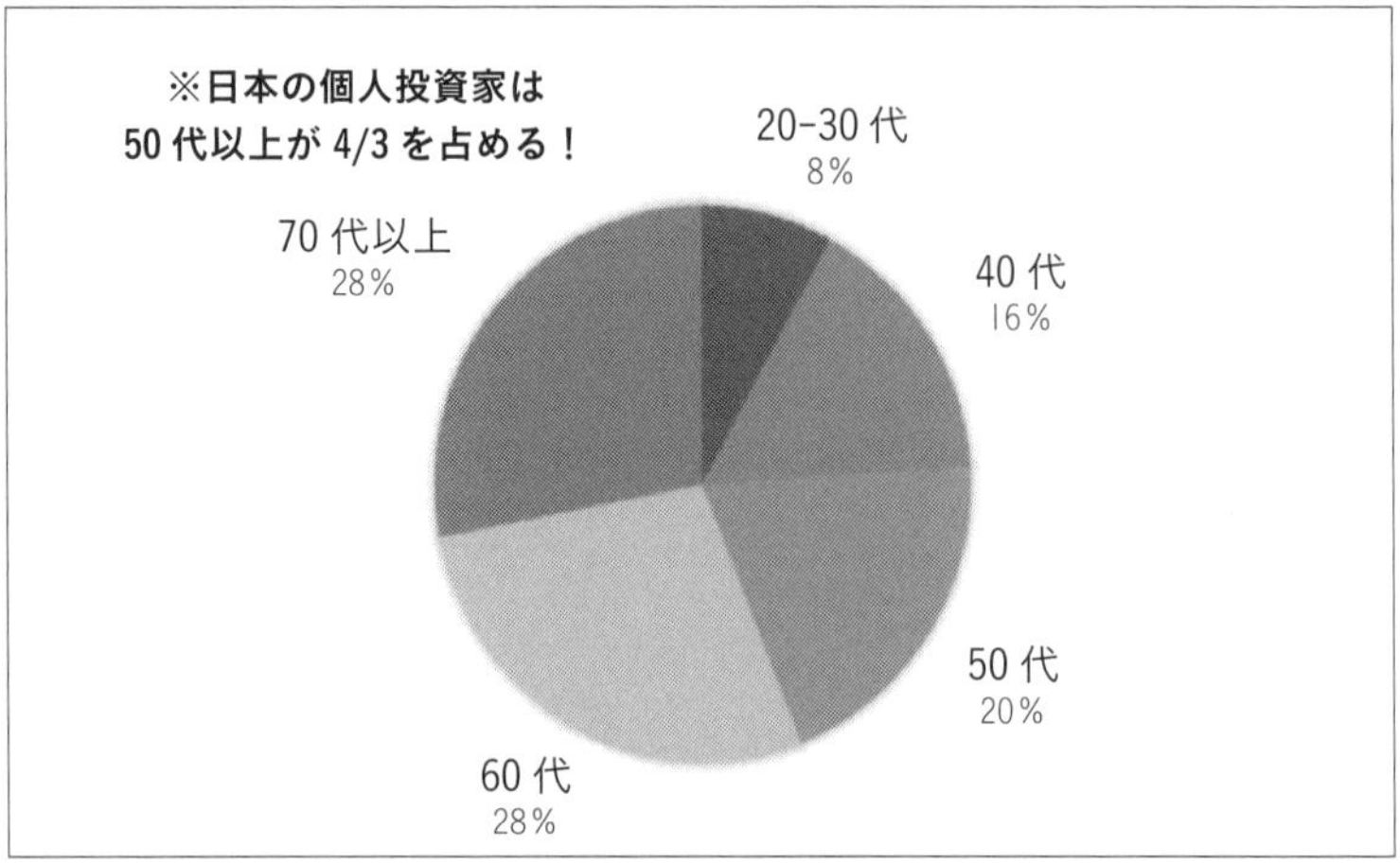


日本の個人投資家の年齢別構成比

上のチャートは個人投資家の年齢別構成比を表しているんですけれど、この表を眺めると四分の三以上が50代以上で、半数以上を60代以上が占めていることがわかります。これはつまり、平均的な日本の個人投資家とは、60代以上のシニア投資家であることを指しているわけです。

彼らは原始人のように未だに電話注文で取引したりしますし、ポートフォリオも相変わらず日本株オンリーだったりするのです。まぁ、今さら馴染《なじ》みのない外国株に挑戦しようなんて思わないでしょうから、このまま一生日本株で運用するのだと思いますが、今の20～40代を中心とした現役世代は違います。

現役世代はETFやインデックスファンドを利用して外国株に広く分散投資をしていますし、その投資スタイルは長期投資である場合が多いです。では、この世代が60代になった時、つまり平均的な日本の個人投資家になった時、外国株への分散投資をやめて日本株に集中投資するなんてことになると思いますか？ なるわけがない。

米国株を中心に世界中に幅広く分散投資している現役世代は、これからもずっと世界に分散投資したままです。そう考えると、「米国株ブームが終われば誰も米国株投資なんかやらなくなるｗｗ」なんていう意見は間違っていますし、**日本の20〜40代の現役世代が日本株ではなく米国株を中心とした世界の株式に分散投資しているのは、何もブームでなく、これからのスタンダード**であることがわかると思います。

## 株式に長期投資してないとインフレで悲鳴上げて死ぬかもよ

先のとおり、短期投資は基本ゼロサムゲームです。日本国内で短期売買をしているアクティブ投資家（市場平均以上のリターンを目指す投資家）の数が20万人以上いるっていうことや、投資家全体のうち75％以上の人たちの株式保有額が１００万円以上であることを考えれば、株式投資で数十～数百人の億万長者が誕生しても何も不思議ではありませんし、確率的には自然なことなんです。だって10万人くらいの投資家たちが数十～数百人の億万投資家のために損してくれるんだから。

その数十～数百人の億万投資家の中には本当に運用能力の高い人もいるかもしれませんが、多くの億万投資家たちはたまたま運が良かったというだけで億万投資家になっているんです。

でも、そういう人に限ってテレビや雑誌の取材を受けて、どうすれば億万投資家になれるのか、その秘伝の投資法を

## ドヤ顔でメディアに語る

わけです。しかし、そうやってイキッてるのも相場が上向いている時だけで、08年の金融危機をきっかけに多くの億万投資家たちが淘汰されていったことを考えれば、秘伝の投資法なんてそもそもなくて、たまたま波に乗っていただけの投資家だったわけです。

とはいえ、世間知らずでクソダサい投資家はそういう秘伝の投資法をありがたり、若くして成功した億万投資家に憧れて短期売買をしたりするんです。場合によっては信用取引を駆使して身の丈以上の投資をする人もいます。

そういうのは投資とは言わずギャンブルって言います。もちろん、損しても

## 悔しい…！悔しい…！！　だがこれでいい！！

ってカイジみたいなこと言うなら構わないんですけれども、99・9%の確率で「くわぁぁぁぁぁっ！！」って悲鳴上げることになるんで覚悟はしておいてくださいね。

で、バフェット太郎は普段ブログの中でそういう後悔しそうな99・9%の人のために「短期投資はやめとけよ」みたいなことをクドクド言っているわけですけれども、じゃあ何だったらいいのよと。

## 代案を出さない野党

みたいなこと言うなよと。そこで、バフェット太郎が99・9%の人たちにお勧めしているのが米国株投資であると、しかも長期の配当投資でありまして、まぁ、百聞は一見に如かずと言いますからまずは左図をご覧ください。これは1802年から2012年までの株式、長期債、短期債、不動産、金、米ドルの配当再投資込みの実質トータルリターンの推移です。

このチャートを眺めると、株式が年率平均6・6%と一貫して上昇し続け、当初の1ドルが210年後には70万4997ドルになっていることがわかります。一方、債券は

## ●株式投資の優位性は210年間の統計が証明している

**株式、長期債、短期債、金、USドルの実質リターン**（1802-2012）

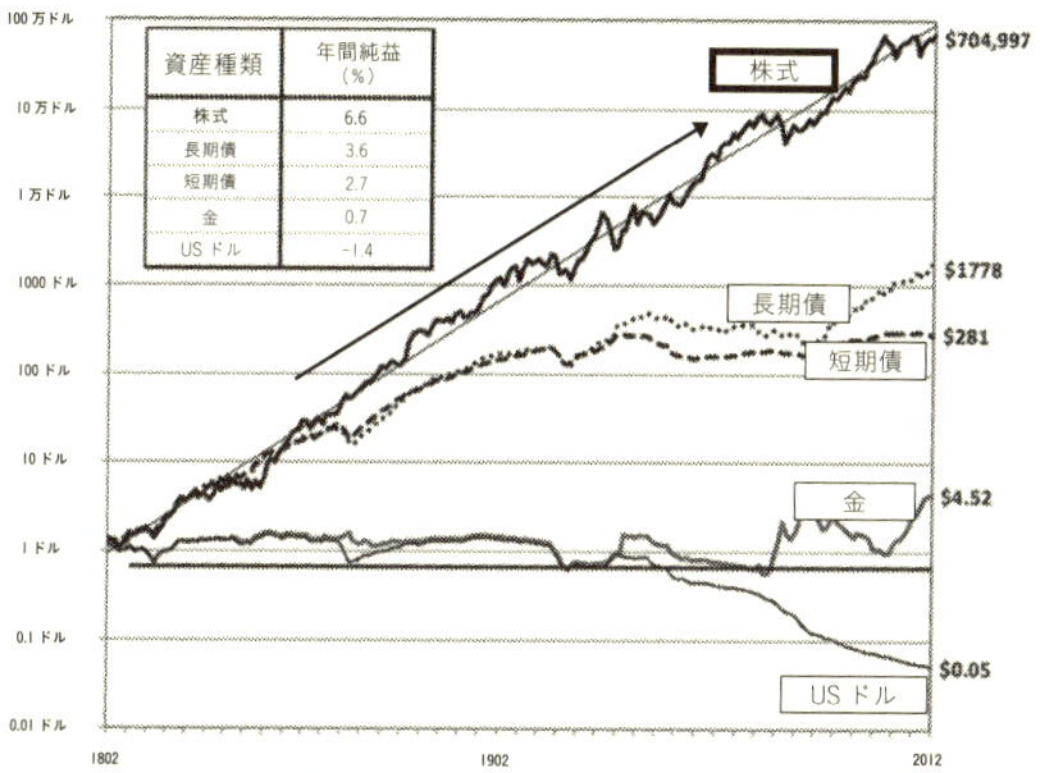


出所：Stocks for the Long Run(Jeremy Siegel)

1778ドル、不動産は281ドル、金は4・52ドル、米ドルに至っては0・05ドルと1942年以降の70年で95％も目減りしていることがわかります。

また、インフレが加速すると債券や不動産の伸び率が鈍化した一方、株式は一貫して成長率を維持させたことがわかると思います。

これは、**株式がインフレにもデフレにも対応でき、債券や不動産はインフレに弱いことを証明していることに他なりません。**

これから世界経済はますますインフレが進むと予想されていることを考えれ

ば、株式を長期で保有することが必然ですし、債券や不動産を長期保有すべきではありません。特に金融危機後、ドルや円がＦＲＢや中央銀行によって大量にばら撒かれていることを考えれば、ドルや円の価値がガンガン目減りすることは容易に想像つくわけで、

## 「預金だけってのはマズいな」

ってことくらい誰にでもわかると思います。また、仮に予想に反してインフレが思うように進まなくても、１８０２年から１９２０年までほとんどインフレが見られなかった中で株式のパフォーマンスは良好だったことを考えれば、やはり株式以外選択肢はないわけです。

そして、米国株は配当を再投資し続けるだけで、長期的に概ね6～7％程度のリターンが見込めます。99・９％の投資家はギャンブルのような短期売買をするのではなく、米国株に投資して配当を再投資し続ける長期投資のほうがお金持ちになれるというわけです。

## プロが銘柄分析とか色々しても市場平均にすら勝てない現実

個人投資家にとって最適な投資戦略は、米国株を中心とした世界の株式市場に分散投資して配当を再投資し続けることなんですが、多くの個人投資家は銘柄選択を誤ったり、本来すべきでないタイミングで売買をしてしまったり、そういうミスを何度も繰り返してパフォーマンスを悪化させます。

そのため、投資の世界では個人投資家は個別銘柄に投資するよりもパッシブ運用をしたほうが良いと言われているのです。

パッシブ運用が何かと言いますと、株価指数に連動するインデックスファンド（投資信託）やＥＴＦに投資する投資戦略のことです。たとえばＳ＆Ｐ５００指数に連動するようにデザインされている「iFree・Ｓ＆Ｐ５００・インデックス」や「バンガード・Ｓ＆Ｐ５００ＥＴＦ（ＶＯＯ）」などに投資するスタイルのことです。

これらに投資することで投資家は主要企業500社にまとめて分散投資できるので、少額からしか投資できない個人投資家でも幅広く分散投資することが可能です。また、インデックスファンドとETFには大きく分けて五つの違いがあります。

## 1、インデックスファンドの購入手数料

ファンドや運用会社によって異なるものの、最近はノーロードファンドといって手数料無料で買えるファンドも増えてきています。一方でETFは各社証券会社の手数料率が掛かります。とはいえ、**NISA口座から購入すれば購入手数料は無料になるので、必ずしもインデックスファンドに比べてETFが購入手数料で劣っているということにはなりません。**

## 2、最低購入価額

インデックスファンドでは最近、100円から1円単位で投資できるファンドが増えてきています。一方でETFは各ETFの価格や単元株数によるので、たとえば、「バンガード・S&P500ETF（VOO）」（単元株数：1）の価格が250ドルなら250ドル必要になります。また、二口注文するなら500ドル必要になるのでインデックスファンドのように1円単位で購入価額を増やすことができません。加えて、NISA口座を使わ

ないのであれば、手数料が割高にならないように１１００ドル（約12万円）以上で買い付ける必要があります。そのため**少額から積立投資をしたい人はETFよりインデックスファンドのほうが向いている**と言えます。

### 3、信託報酬

投資家が運用会社に毎年支払う運用コストのことです。インデックスファンドにしろＥＴＦにしろ運用会社が運用しているので運用コストが掛かるのは当然です。この信託報酬はインデックスファンドよりＥＴＦのほうが割安で、たとえば先に紹介した「iFree・Ｓ＆Ｐ５００・インデックス」と「バンガード・Ｓ＆Ｐ５００ＥＴＦ（ＶＯＯ）」ではそれぞれの信託報酬が０・２４３％、０・０４％が掛かり、その差は6倍も違います。そのため**長期投資を前提に運用するならばインデックスファンドよりもETFのほうが低コストで運用できます。**

### 4、流動性

ＥＴＦは株のようにその瞬間ごとに売買することができるので流動性が高いです。一方でインデックスファンドは基準価額は一日一回だけ算出されるので、いくらで買えていくらで売れたのかはその場ですぐにわからないのです。そのため、**頻繁に細かく売買したい**

**ならインデックスファンドよりETFのほうがオススメ**です。

## 5、分配金の再投資

インデックスファンドもETFも分配金を受け取ることができますが、ETFの場合、必ず自分の口座に分配金が振り込まれるのに対して、インデックスファンドの場合は「受取型」と「再投資型」を選ぶことができます。投資リターンを最大化させたいなら分配金を再投資しなければなりませんから、もし**「分配金は受け取ったらついつい使っちゃうんだよね」っていう人は「再投資型」を選ぶことで機械的に再投資することができます。**

まぁ、こんな感じでインデックスファンドとETFに違いがあるものの、どちらもS&P500指数などのベンチマーク（運用成績の評価基準）に連動することを目指したパッシブ運用になります。一方で、ベンチマークを上回ることを目的にして個別銘柄に投資するスタイルのことをアクティブ運用と言います。

しかし、個人投資家は個別銘柄に投資したり、プロのファンドマネジャーが運用するアクティブファンドに投資するよりも、ただETFやインデックスファンドに投資して長期で保有したほうがはるかによい結果を生むことが広く知られています。

## ●株式投信が市場平均を１％以上上回る確率はたった５％

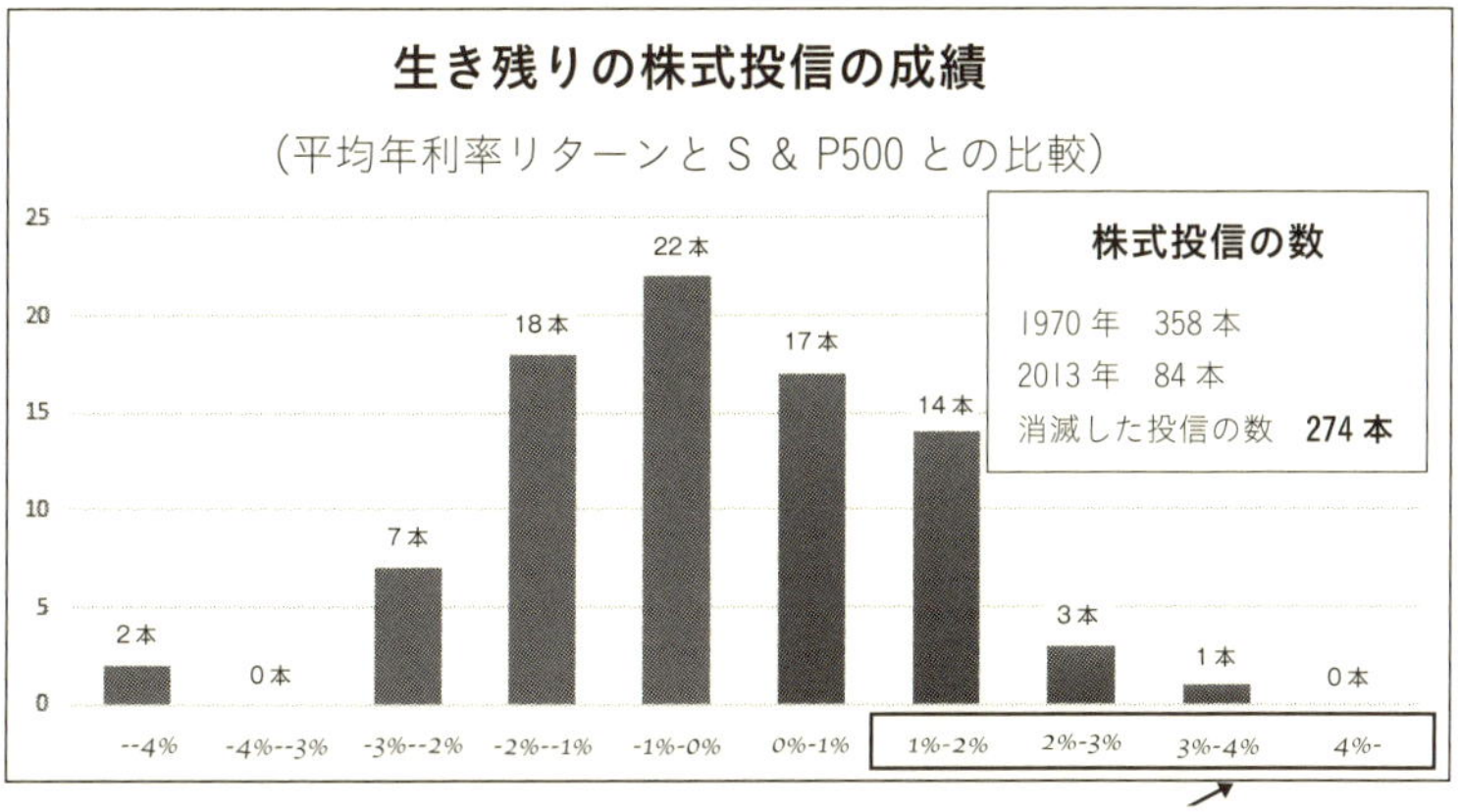


生き残った84本の投信もS&Pの利回りを1%以上超えたのはたった18本

出所：バートン・マルキール著「ウォール街のランダム・ウォーカー」

上のグラフは何かと言いますと、１９７０年に存在した株式投信３５８本のうち、２０１３年までに何本が生き残り、そのうち何本がＳ&Ｐ５００指数を上回ったのかを示したグラフです。

このグラフを見ると、３５８本のうち76・５%に当たる２７４本の投信が消滅し、84本（23・５%）だけが生き残りました。また、生き残った84本のうち全体の58%がＳ&Ｐ５００指数を下回りました。

Ｓ&Ｐ５００を１%以上上回った株式投信は18本だけで、これは１９７０

年時点にあった358本のうちわずか5%でしかありません。つまり、株式投信に投資しても市場平均を1%以上で上回る確率はわずか5%でしかないということです。

これなら多くの個人投資家にとって株式投信にお金を預けるよりもパッシブ運用をしたほうが賢明であることがわかります。

では、なぜ投資のプロであるファンドマネジャーは市場平均に勝つことができないのでしょうか。これについては、1960年にシカゴ大学のユージン・ファーマ教授が発表した「効率的市場仮説」で説明することができます。

「効率的市場仮説」とは、株などの資産価格はあらゆる情報を瞬時に織り込み、常に適正な価格が値付けされるため、**誰も市場を出し抜くことはできない**という考え方です。たとえば、投資家がどれだけ独自の調査・分析に基づいて掘り出し物銘柄を見つけたとしても、将来の価値を株価はすでに織り込んでいるため、これから株価が上がるかどうかは50%の確率だということです。

バフェット太郎は「効率的市場仮説」を盲信しておりませんが、概ね正しいと思ってます。

**効率的市場仮説論者に言わせれば、株式投資で大儲けするのはジャンケンに10回連続で勝つことと同じで、確率的に言えば、参加者が1024人いれば1人くらいいるよね。それって当たり前だよね**ってことになるわけです。

そのため、効率的市場仮説論者の前で「株式投資で資産を2倍に増やしました！」って言おうものなら、「まぐれの大当たり自慢乙ｗｗ　自分を天才トレーダーだと勘違いしてる中二病の痛い奴乙乙ｗｗ」くらい煽られます。

しかし、もし効率的市場仮説が正しかったら、どうしてバブルや大暴落なんて起きるんでしょうか。また、ウォーレン・バフェットは「市場が効率的だったら私は今頃物乞いをしているよ」とも反論しています。

すると効率的市場仮説論者は「バフェットは例外であり、そもそも彼は投資家ではなく経営者だ」とし、バブルや暴落についても、「長期的に見ればリターンは長期平均値と同水準に収まる」と反論します。そして極めつけは、「市場が効率的でないと言うんだったら、どうしてプロのファンドマネジャーたちは無様な成績ばかりなんだ？」とさきほどのP83

## ●投資の世界はパッシブ運用の時代に突入している

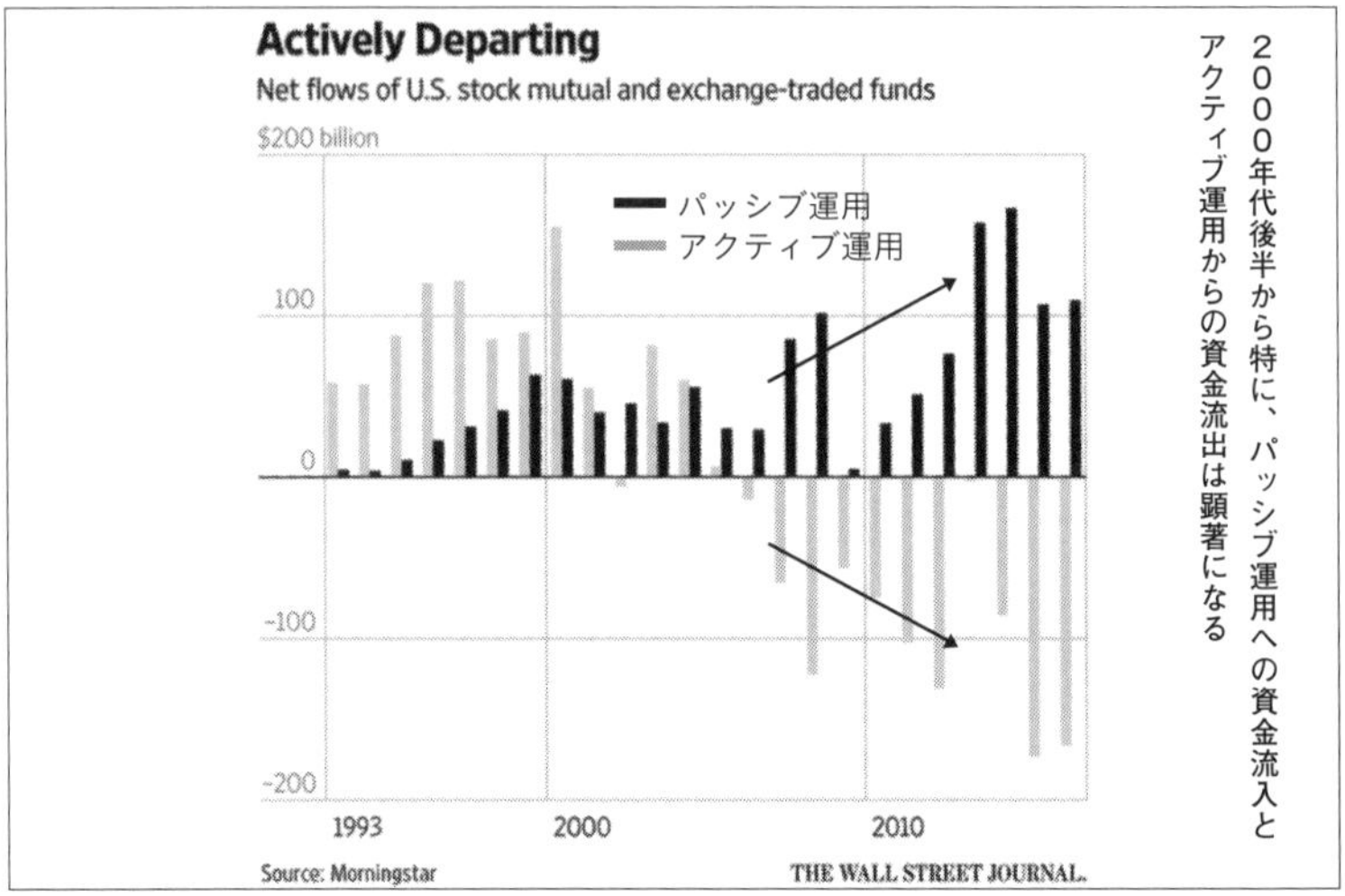


出所：『ウォールストリート・ジャーナル』

のグラフを見せつけるわけです。

これでアンチ効率的市場仮説論者はシュンとしてしまうわけであります。事実、プロのファンドマネジャーですら長期的に市場を出し抜き続けることはできないので投資パフォーマンスが市場平均を下回っています。

そのため個人投資家たちは、個別銘柄に投資するよりもパッシブ運用をしたほうが賢いということに気づき、**株式投信からインデックスファンドやETFに乗り換えています。**

上のグラフを見てください。パッシブファンドに資金が大量に流入しているのに対し、アクティブファンドからは資金が大量に流出していることがわかります。「効率的市場仮説」が正しいのか正しくないかはさておき、アクティブファンドからパッシブファンドの流れはこれからますます加速することが予想され、**投資の世界はパッシブ運用の時代に突入したといえる**わけです。

## 世界の投資賢者が勧める黄金のポートフォリオ

過去を振り返れば、個人投資家はＳ＆Ｐ５００ＥＴＦを中心としたポートフォリオをデザインし、それを長期で保有しながら配当を再投資し続ければ良いということが何となくわかったと思います。

本当にこんなに簡単でいいの？　て思うかもしれないけれど、実際、**多くの著名投資家たちもＳ＆Ｐ５００ＥＴＦを組み入れたパッシブ運用を推奨**しています。

たとえば、「ヘッジファンドの帝王」と呼ばれるレイ・ダリオ氏は個人投資家向けに上

## ●ダリオは米中・長期国債の比率が55%

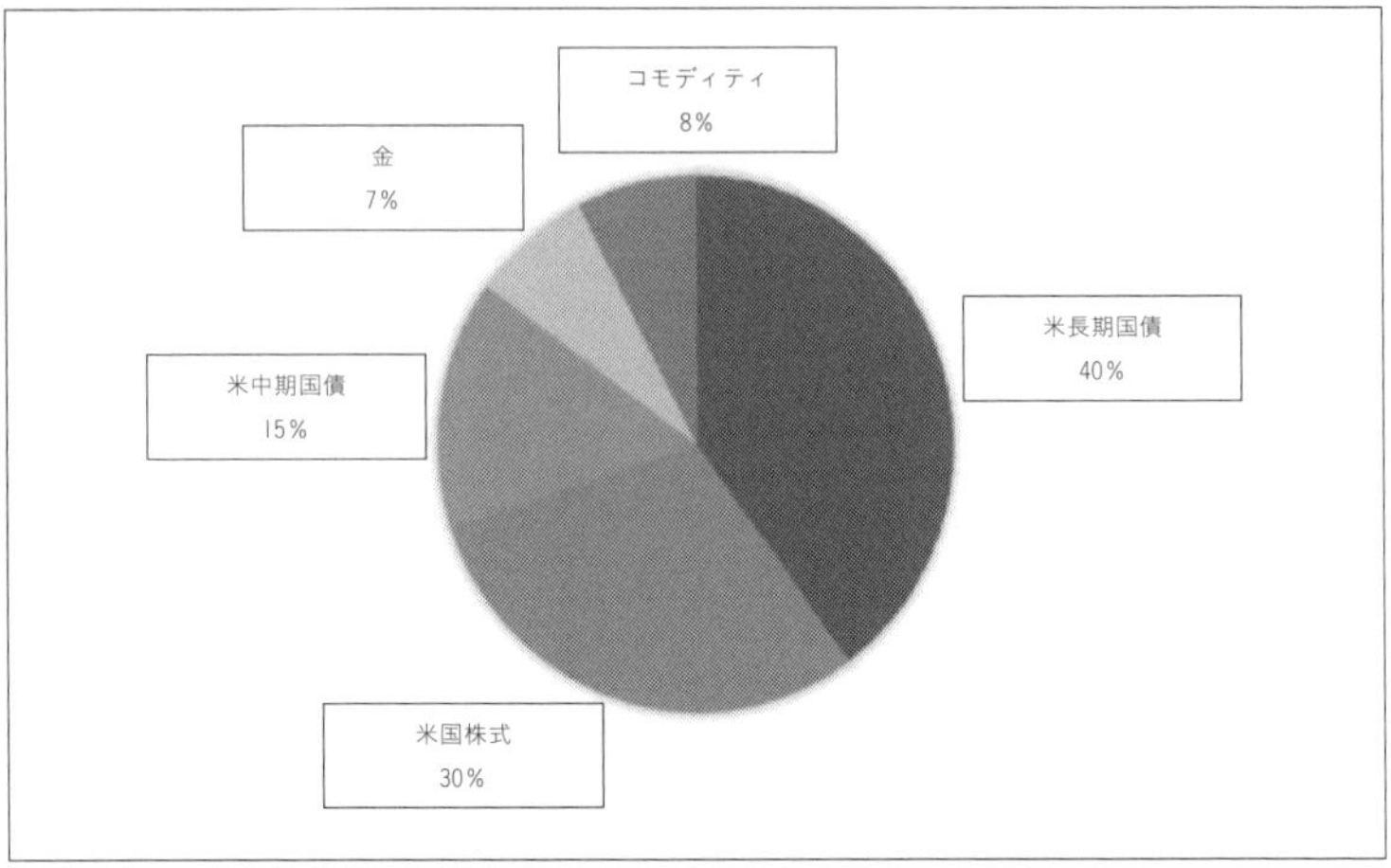


レイ・ダリオの個人投資家向けポートフォリオ

記のポートフォリオを推奨しています。

レイ・ダリオが推奨するポートフォリオを眺めると、米国株式（S&P500ETF）の比率が30%に対して、米中・長期国債の比率が55%と債券の比率が高いことわかると思います。

これはレイ・ダリオによれば、株式の変動リスクは債券の約三倍あるとのことで、**リスクを軽減するために個人投資家は債券を多めに保有したほうが良い**とのこと。また、金とコモディティは、インフレ加速時に下落しやすい株式、債券のリスク軽減効果に役立つためで、このポートフォリオはあらゆる景気局面に対応できるようにデザインされています。

## ●バフェットは米国株式の９割保有をオススメしている

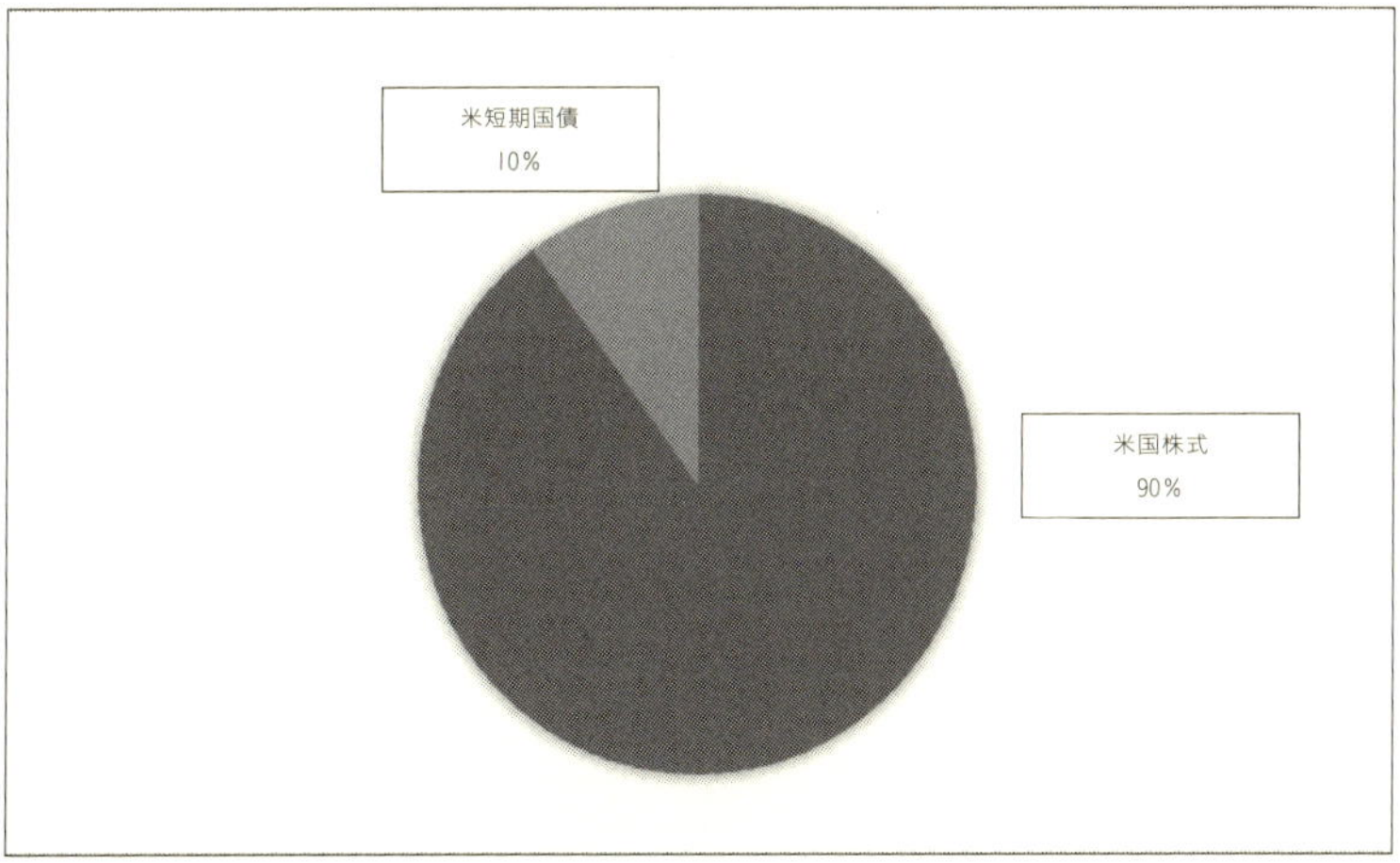


ウォーレン・バフェットの個人投資家向けポートフォリオ

また、バンガード・グループの創業者でインデックスファンドの創始者であるジャック・ボーグルが推奨するポートフォリオは自分の年齢と同じ率を債券に回すというものです。たとえば、30代の投資家なら米国株式（S&P500ETF）70%、米国債30%となります。

加えて、投資の神様と呼ばれるバフェットもS&P500ETFへの投資を推奨しています。

バフェットは2014年に公開した「株主への手紙」で、個人投資家への唯一のアドバイスとして、「世界の優良企業をカバーするインデックスファンドに投資して、長期保有すること」と記しており、自分の死後、妻に残す財産は90％を米国株式（S&P500インデックスファンド）、残りの10％を米短期国債にすると話しています。

また、この資産配分は多くの個人投資家にとっても賢明な選択であるとしています。

バフェットは「長期的に見ると、このポートフォリオなら他のどんなファンドマネジャーや年金ファンドよりも大きな収益が得られる」と信じていて、2006年にヘッジファンドに対して「今後10年間続けてS&P500インデックスファンドのパフォーマンスを上回るトップ5のファンドマネジャーを誰も指名できない」ということに100万ドルを賭けたゲームを提案しました。

2007年、米ヘッジファンドのプロテジェ・パートナーズがこの賭けに乗りました。結果、2008年から2017年末までのプロテジェが選んだ5つのファンドの平均利回りは+2・96％（ファンドA+2・0％、ファンドB+3・6％、ファンドC+6・5％、ファンドD+0・3％、ファンドE+2・4％）だったのに対し、S&P500インデックスファンドのそれは+8・5％と後者の圧勝でした。このように、**多くのファンドマネージャーたちはインデックスファンドに勝てないということがバフェットの実験によって証明された**

## ●なぜバフェットは自分の会社では個別銘柄のみなのか？

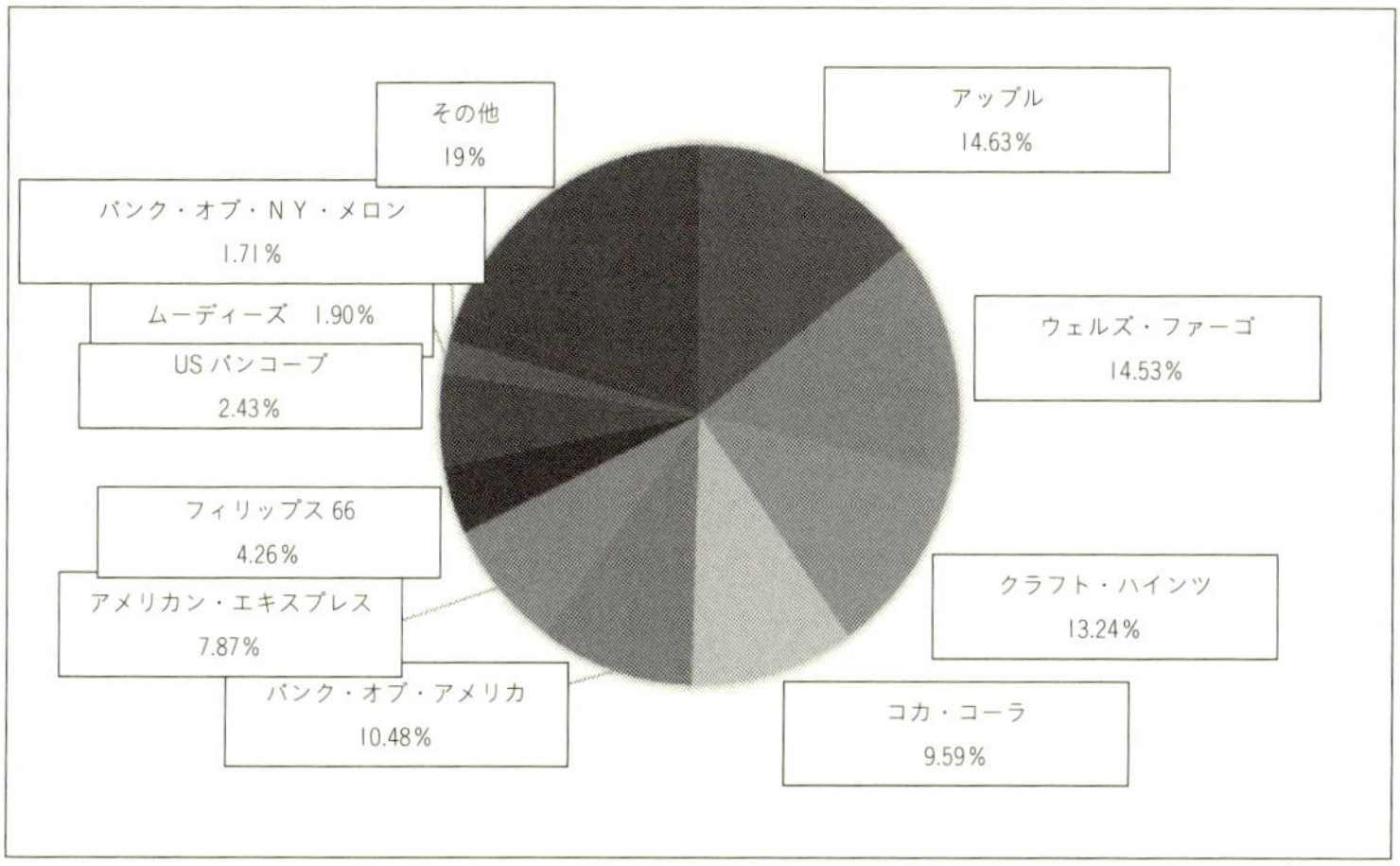


バークシャー・ハザウェイ社のポートフォリオ（2017年末）

わけです。

　ところで、バフェットをはじめとした著名投資家たちは個人投資家たちに対して、世界の優良企業をカバーするインデックスファンドに投資することを推奨したり、妻には米国株式90％、米短期国債10％のポートフォリオを残すと言っているに、自分たちはそのような運用をしていません。

　たとえば、上のグラフはバフェット率いる投資会社バークシャー・ハザウェイ社のポートフォリオですが、これを眺めると、米リテール銀行大手のウェルズ・ファーゴや米食品大手のクラフト・ハインツ、アップル、コカ・コーラなどの個別銘柄ばかりで、インデックスファンドやＥＴＦが一つも組み入れられていないことがわかります。

なぜ、バフェットは自分で運用しているポートフォリオを推奨せずにインデックスファンドを推奨するのでしょうか。

結論から言えば、**個人投資家一人一人のリスク許容度が違うから**です。

たとえば、多くの個人投資家は株価が上がっている時は上機嫌で株を保有しますが、一転して株価が下げ始めると次第に不安を覚えて狼狽売り（不安に耐えられず慌てて持ち株を売却すること）をしてしまいます。そして損失を取り戻そうとするあまり、誰もが将来有望と認めるイケてる優良株に投資したりするんです。

しかし、損失を取り戻すために慌てて買った株というのは、安心を得るために買ったような割高株である場合が多いので、パフォーマンスは期待できません。

したがって、バフェットは個人投資家たちに自分のポートフォリオを推奨しても、管理できないことがわかっているので、インデックスファンドを中心としたパッシブ運用を推奨しているんです。

ただし、これは別の言い方をすれば、バフェットが「市場平均に勝つ方法はある」と明言していることに他なりません。

## S&P500ETFより配当再投資はスゴイかも！

多くの賢者たちが口を揃えてＳ＆Ｐ５００ＥＴＦを中心としたパッシブ運用を推奨してるんだから、個人投資家が個別銘柄に投資するのって間違っているんじゃない？　ってみなさん思うかもしれませんが、Ｓ＆Ｐ５００ＥＴＦは何も完璧な金融商品ではないですし弱点だってあるんです。その弱点の一つが「時価総額加重平均型株価指数」です。

この「時価総額加重平均型株価指数」っていうのは、Ｓ＆Ｐ５００種指数は時価総額の高い大型株の割合が大きくなるようにデザインされているので、*ＦＡＡＭＧ株のような超大型ハイテク株の影響を受けやすいのです。【ＦＡＡＭＧ株＝フェイスブック（FB）、アマゾン・ドットコム（AMZN）、アップル（AAPL）、マイクロソフト（MSFT）、アルファベット（GOOGL）のティッカーシンボルの頭文字を取った造語】

事実、２０１７年にＳ＆Ｐ５００種の時価総額は2兆８０００億ドルも増えたんですけど、そのうちの1兆ドル（約三分の一）はＦＡＡＭＧ株によるものなんです。

つまり、ＦＡＡＭＧ株の上昇によって押し上げられたＳ＆Ｐ５００種指数は、ＦＡＡＭＧ株の下落によって押し下げられるリスクがあるということに他ならないんです。

また、時価総額が高い銘柄ほどバリュエーションが割高になる傾向があり、特にハイテク株など利益成長が期待できるセクターほどＰＥＲが割高になりますから、**Ｓ＆Ｐ５００ＥＴＦに積立投資するということは、割高株を比較的多めに買い続けること**に他なりません。

２０１７年の時価総額ランキング上位5銘柄は、上からアップル、アルファベット、マイクロソフト、フェイスブック、アマゾン・ドットコムとハイテク銘柄ばかりです。

一方で、今から25年前の1992年の上位5銘柄は石油メジャー最大手のエクソン・モービル、米小売最大手のウォルマート、コングロマリット大手のゼネラル・エレクトリック、米タバコ最大手のフィリップ・モリス（現アルトリア・グループ）、米通信最大手のAT&Tです。

このように、25年前は時価総額上位銘柄のセクターが幅広く分散されていたので、特定の景気局面でマーケット全体が振り回されるなんてことはありませんでしたが、**現在はハイテクセクターに振り回されることになるのでリスクは以前よりずっと大きくなっています。**

ちなみに、金利が上昇する局面ではハイテクセクターは売られやすいので、**2018年以降、ハイテクセクターの上昇率は市場平均を下回る可能性が高い**です。

また、そもそもS&P500ETFへの投資は相場が右肩上がりで上昇することが前提となっているため、**バブル崩壊後の日経平均株価のように右肩下がりで弱気相場が続けば、ほぼ確実に損をし続けます。**

過去を振り返ると、1966年から1982年末までの17年間、ダウ平均はほぼ横ばいで推移していました。この17年間とは、個人投資家の運用期間を30年とした場合、半分以上を占めます。

この17年間もの弱気相場が個人投資家の人生においていつ訪れるのかということは誰にもわかりません。20代で訪れるのか、あるいは50代で訪れるのか、それによって将来のパフォーマンスも大きく変わってしまうのです。

たとえば、1953年から1982年末までの30年間、ダウ平均に1000ドル投資した場合、当初の1000ドルは3600ドルと3・6倍になりましたが、1966年から1995年末までの30年間では当初の1000ドルが5200ドルと5・2倍にもなりました。このように、いつの時代に運用するのかで将来のパフォーマンスが大きく変わることを考えれば、ダウ平均同様S&P500がいつの時代も完璧な投資対象になるわけではないということがわかると思います。

こうした弱点があることから、バフェット太郎はS&P500ETF弱点を突くことで、

誰もが勝てないって諦めていたS&P500ETFに勝てるんじゃないかなと

**割とマジで思っております**

そして、それを実践するべく米国の超大型連続増配高配当株10社に均等分散投資し、配当金を組入れ比率最低銘柄に再投資し続けているわけであります。

そこで、なぜ連続増配株に投資しているのかと言いますと、**弱気相場で配当を再投資することで、より多くの株数を増やすことができ、強気相場でリターンを爆発させることができるからなんです。**

## ●配当投資は市場危機後に強みを発揮する

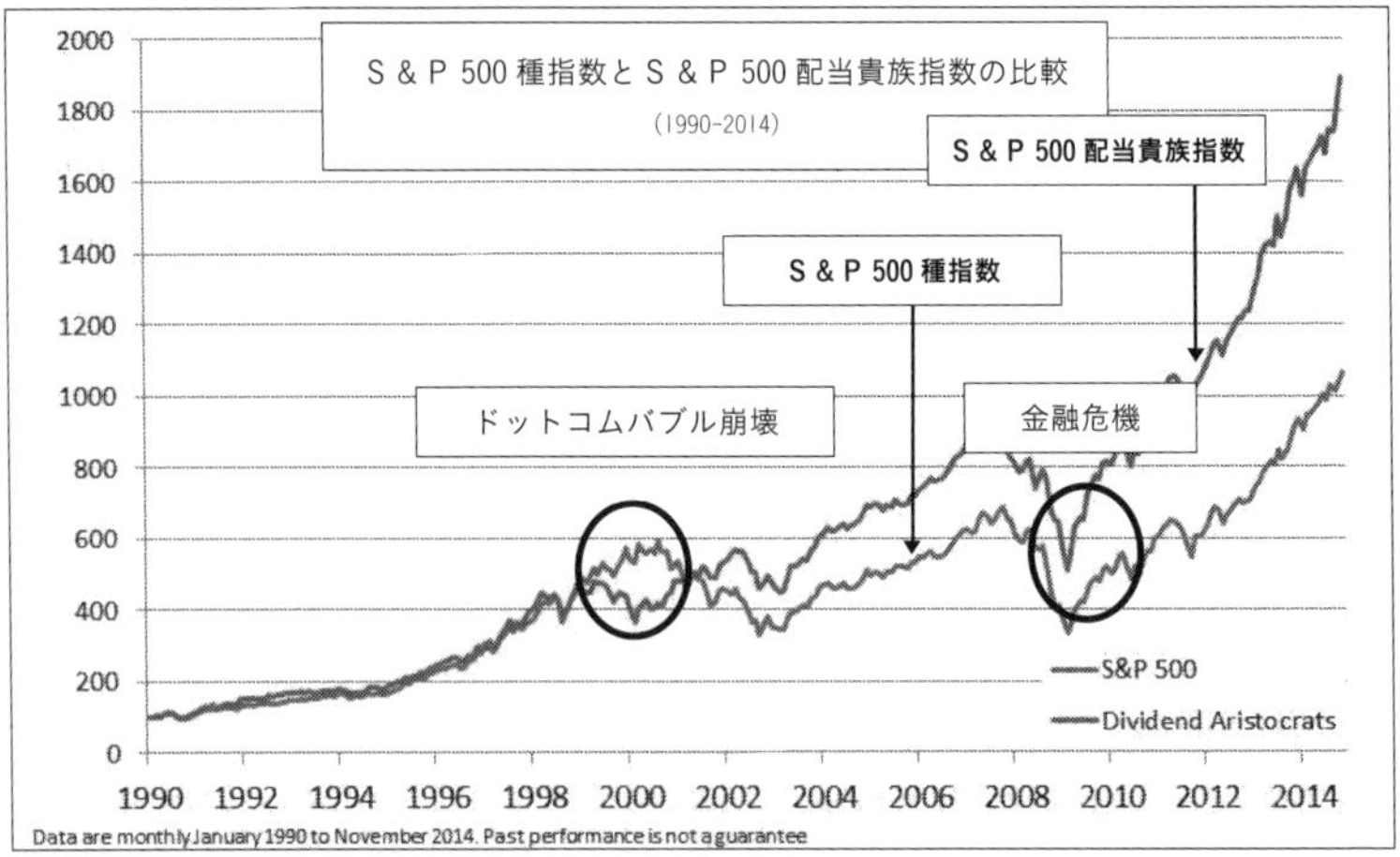


出所：indexology

チャートは1990年から2014年までのS&P500種指数と配当貴族指数の配当再投資込みのトータルリターンの推移です。（配当貴族とは25年以上連続で増配をしている銘柄群のことです）

チャートを眺めると、2000年のドットコムバブル崩壊と09年の金融危機を起点に、配当貴族指数とS&P500種指数のパフォーマンスの差が開いていくことがわかると思います。

これは、弱気相場においてS&P500種指数構成銘柄の一部が減配したり無配に転じて配当再投資できないのに対して、**配当貴族指数構成銘柄は株価が安くなる中で増配をするため、より多く**

**の株をこの弱気相場で買い増すことができたから**なんです。

そのため、弱気相場が一転して強気相場になると、**弱気相場で買い増した分の株が一気に値上がりするだけでなく、配当金まで生んでくれる**など、投資家に二つの果実を与えてくれるんです。これこそが

## 危機後にパフォーマンスが加速する

理由です。

また、バフェット太郎は10社に均等分散投資し、配当金を組入れ比率最低銘柄に再投資することをルールにしているんですが、どうしてこのようなルールにしているのかっていうとちゃんと理由がありまして、それは、特に値下がりしている不人気（割安）銘柄に集中的に再投資するためです。これがS&P500ETFに再投資していたら割高株を比較的多めに買い増すことになるわけです。

加えて、均等分散投資しているのは、ポートフォリオのバランスを一定に保つためです。

たとえば、10銘柄に分散投資していれば、いずれ特定の銘柄だけが暴落するなんてことになると思うんですけど、その時、これを

# 「優良株の大バーゲンセールや〜」

って飛びついて大量にその株を買い増してしまえば、ポートフォリオはいつの間にかそのバーゲン銘柄が半分を占めるなんてことになって、最終的には**そのバーゲン銘柄の値動きにポートフォリオ全体が振り回される**なんてことになりかねません。

そのため、10銘柄に均等分散投資することで、どんなに割安で魅力的に見える株でも、それ以上のめり込み過ぎないようにストッパーをかけているというわけです。

ただし、**配当貴族指数もまた完璧な投資対象というわけでもありません。強気相場では配当貴族指数はS&P500種指数のパフォーマンスを下回る傾向がある**ので、これから強気相場が続くと仮定すれば、バフェット太郎のように配当貴族株にばかり投資していると、S&P500種指数を下回るパフォーマンスに甘んじなければなりません。

とはいえ、短期的なパフォーマンスの優劣を無視して堅実な長期投資ができるのであれば、誰もが勝てないって諦めているS&P500種指数に勝つことだってできるはずです。

最後に、「S&P500種指数」と「バフェット太郎10種」の強みと弱みをまとめたので参照してください。

【「S&P500種指数」の強みと弱み】

**強み**

・少額からでも幅広い分散投資ができる
・市場平均と同等のパフォーマンスが期待できる（プロにだって負けない！）
・誰にでもサクッと簡単にできる

**弱み**

・割高になっている株をより多く買う羽目になる
・永遠に市場平均には勝つことはできない
・右肩下がりの弱気相場が続けば損をし続けることもあり得る

**【「バフェット太郎10種」の強みと弱み】**

**強み**

・安定した配当が期待できる
・弱気相場に強い
・割安な株をより多く買い増すことができる
・長期的に見れば市場平均に勝つことが期待できる

**弱み**

・ETFのような幅広い分散投資ができない
・強気相場には弱い
・市場平均に負ける可能性がある
・個別銘柄の倒産リスクがある

次章からバフェット太郎流マネーマシンの具体的な作り方を紹介します。すごく簡単ですが、それでもETFのお手軽さにはかなわないので、メリットとデメリットを照らし合わせて**「ETFでもいいや」と思う人はS&P500ETFを積立投資で長期保有してください。**すでに述べたとおり、最適のマネーマシンは人それぞれで異なりますから。

# コラム
# 誰もが月5万円の積立投資ができる方法

確実にお金持ちになりたいなら、投資をどううまくやるかということと同じくらい、積立投資ができる環境を作るってことは大事なんです。

たとえば、手元にある100万円を35年で1億円に増やそうと思ったら、年平均14%のリターンが必要になるので、市場平均の約7%を大幅に上回るリターンを追求しなければならず、自ずと投機という名のギャンブルをしなくてはならなくなる。一方で、毎月5万円の積立投資ができるなら7%のリターンで35年後に1億円が期待できるってわけです。

しかし、多くの人は「毎月5万円も積立投資なんてできない」と嘆きます。でもそれって、やり方を知らないだけだと思うんですよ。たとえば、「天引き」なんて超オススメです。

給与から3万円天引きしてもらい、最初から無いものと思って生活すればいいんです。

自分より手取りが3万円少ない人なんてゴマンといるんだから生活の質を少しだけ落として

やればいい。

それプラス月2万円の副業をすれば総額5万円です。**5万円の節約や5万円の副業は難しくても、3万円の節約と2万円の副業だったら割と誰でもイケる**と思います。

かくいうバフェット太郎もブログで小銭を稼いでいるし、アルバイトという選択肢だってあるわけです。毎月2万円のバイトだったら週末に働くだけで稼げるはずです。

とは言え、会社の規定で副業が禁止されているって人もいると思いますが、正直そんなに忠誠を誓えるほどあなたの会社はホワイトなんですかね？　**会社ってあなたの人生を守ってくれるわけじゃないんだからもっとズル賢く「自分ファースト」に生きていい**と思うんですよ。

まぁ、あからさまに「俺、残業絶対しませんし有給全部取ります！」なんて上司にイキっても椅子が飛んでくるだけなので、そこは空気を読みながらね。

# 第3章 金が金を生む高配当マネーマシン その作り方

## 安定したCF《キャッシュフロー》＋還元に積極的 この2点が長期保有すべき配当銘柄

バフェット太郎のポートフォリオは配当再投資戦略に最適化されていて、お金がお金を生むマネーマシンになっているので、資産が永続的に増え続けることが期待できます。

マネーマシンの具体的な中身について言うと、米国の超大型連続増配高配当株10社に均等分散投資することでできていて、バフェット太郎はこれらの企業に合計5000万円くらい投資しているので、毎月10万円くらいの配当金を働かずに得ています。

また、この配当金で株を買い増してやれば、その株はタダ同然で手に入れたようなものですから、**たとえ株価が暴落して半値になったとしても損をするなんてこともありません。**
加えて、タダ同然で手に入れた株からも四半期ごとに配当金を受け取ることができるので、まさにお金がお金を生む「マネーマシン」となるわけです。

とはいえ、このマネーマシンの中身となる銘柄は、決してどんな銘柄でも良いってわけじゃなくて、バイ&ホールド（長期保有）するにふさわしい銘柄で構成されていなければならないんです。これは銘柄の売買頻度を少なくすることで、税金や売買手数料などのコストを抑えるためです。

しかし、クソダサい投資家ほど、誰もが称賛する将来有望のイケてる銘柄に投資して「あとは気絶しているだけでお金持ちになれるわｗｗ」とか、低ＰＥＲの中・小型グロース株に投資して「誰もが見落としている（自分にしか見つけられない）お宝銘柄発見！」とか痛いこと言って、一年後に

# カチンコチンの凍死家

になっているなんてことは珍しくありません。

たとえば、バイオセクターがブームになっていた2015年頃、個人投資家たちがこぞってバイオ株に投資していて、バイオ株を保有していることが投資家のステータスみたいになっていた時期がありました。しかし、その後薬価引き下げ問題や競争激化を受けて、バイオ株が軒並《のきな》み急落すると、バイオ株ブームに浮かれていた投資家たちはみんな泡を吹い

て気絶していました。

そのため、お金がお金を生むマネーマシンを作りたいなら、保有しているだけで誰もが

「さすがっスね!!」

なんて称賛してくれるようなキラキラ銘柄に投資していたらいけないんです。そういう銘柄っていうのはすでに将来の業績が織り込まれていて割高になっているので、楽観的な予想を上回る業績を叩き出さなければ、それ以上の株高が見込めないんです。

バイ&ホールドを前提とするなら、将来有望のイケてる銘柄に投資するんじゃなくて、もっと地味で退屈で、誰もが

「へー…(あっそ)」

って言いそうな銘柄でありながら、永続的に安定したキャッシュフローが見込める銘柄でなければならないんです。

具体的な銘柄を挙げれば、コカ・コーラ株やプロクター&ギャンブル株などがそれです。FAAMG株など大手ハイテク株がブームになっている昨今、投資家たちはハイテクセクターの未来に心をときめかせていますが、**生活必需品セクターに心をときめかせている投資家は一人もいません。**そのため、生活必需品関連株は投資家の期待値が低い分、株価が暴落するケースも少ないです。もちろん、市場規模が緩やかにしか成長しないので、株価が大きく上昇するっていうことも期待できないのですが。

とはいえ、ソフトドリンクや日用品などの生活必需品は、他社の製品と比較しても品質や性能にそれほど個体差がありません。一度強固なブランドを築き上げると、ライバルは容易に太刀打ちできなくなることから、永続的で安定したキャッシュフローが期待できます。

**マネーマシンにふさわしい銘柄とは、こうした永続的で安定したキャッシュフローが見込めることに加えて、株主還元策に積極的かどうかもポイント**になります。

たとえば、稼いだ利益を無駄に貯め込むような企業では投資家はリターンを最大化することはできません。一方、配当で積極的に株主に還元してくれるなら、株主は配当を再投資して持ち株を増やすことでリターンを最大化することができます。

**コカ・コーラは利益の約8割を、プロクター&ギャンブルは利益の約半分を株主に配当として還元している**ので、投資家は配当を再投資することでリターンを最大化させることができるというわけです。

## 8～16銘柄への分散投資がカルピスでいう「おいしい薄め具合」

**バフェット太郎は10銘柄に分散投資していますが、クソダサい投資家ほど1～2銘柄に集中投資したり、50～１００銘柄と行き過ぎた分散投資をしたりするもの**です。

そもそも資産運用において分散投資は基本中の基本ですから、1～2銘柄に集中投資するということは正気の沙汰じゃないし、虎の子の投資資金でギャンブルするようなものなので、どんなに自信があってもやるべきではありません。

たとえば、過去数年間を振り返って見ても、日本の個人投資家のあいだで、①エネルギー株②バイオ株③小売株④ＩＢＭ株が注目を集めていました。それぞれの終焉理由や下げ幅を確認してみます。

①エネルギー株

高配当が狙えるとして注目されましたが、原油価格の暴落を受けて、コノコフィリップスやキンダー・モルガンなどの石油株は、それぞれ直近の高値からマイナス61・92％安、マイナス70・68％と大暴落したことに加えて、配当も減配したことで、配当を期待していた投資家たちは慌てて損切りに走りました。

②バイオ株

長期的な利益成長が見込めるとされるも、大統領選挙の年、薬価引き下げ問題を受けてバイオ株ブームが終焉。これでギリアド・サイエンシズは高値から一時マイナス46・25％と暴落し、ベイビー・バフェットと称されるウィリアム・アックマン氏が集中投資していたカナダの製薬会社バリアント・ファーマシューティカルズに至っては高値からマイナス96・83％と紙屑同然まで大暴落しました。

③小売り株

バリュエーションが割安として自称バリュー株投資家たちが投資していた百貨店大手のメーシーズやスポーツシューズショップ大手のフット・ロッカーはアマゾン・ドットコムの躍進を受けて、高値からそれぞれマイナス74・61％、マイナス63・08％と大暴落しました。

④ＩＢＭ株

「バフェットが投資している」という理由で集中投資していたようなクソダサい投資家たちは、13年の高値からマイナス43・68％と暴落する中で狼狽売りに迫られ、ゼネラル・エレクトリックに集中投資していた投資家も高値からマイナス46・32％と暴落したことを受けて、自分の証券会社の口座を見ることすらできなくなった投資家も散見されました。

このように、特定の銘柄やセクターに集中投資することがいかに危険なことかがわかると思います。

それでもＦＡＡＭＧ株など特定の銘柄やセクターが上昇すると、経験の浅い未熟な投資家たちは「あの時アマゾンやアップルに集中投資していれば…」と嘆くわけです。妄想をするのはタダだし損をすることもありませんが、安易に集中投資すれば必ずしっぺ返しをくらうのが株式市場です。

とはいえ、個人投資家の中には1銘柄に集中投資して成功した投資家がいるのも事実です。しかし、それは銘柄分析に優れていたわけでも先見の明があったわけでもなくて、たまたま予想が当たっただけの「まぐれ」です。その証拠に、一握りの銘柄に集中投資を繰り返してお金持ちになった投資家はほとんどいません。

それに**株式投資というのは、どんな優良株でも10年に一度は30～50%くらいは暴落する**ものだし、誰でも予想が外れることはあるんだから、幅広いセクターや銘柄に分散投資し、バランスを保ちながら堅実な運用を心掛けなければならないんです。

では、どれくらいの銘柄に分散投資すればいいの？　っていうことなんですが、個人投資家にとって8～16銘柄程度が最適ゾーンになります。

たとえば、時価評価額が２０００ドル（約20万円）の株50銘柄（計10万ドルのポートフォリオ）を保有したとします。

この時、１銘柄だけ買い増そうとした場合、その他の銘柄と乖離しないように２００ドルだけ買い増そうとすると、手数料は５ドル、手数料率が２・５％と割高になります。一方で手数料が割高にならないように１２００ドル分買い増した場合、手数料率は０・45％になりますが、買い増した株の時価評価額は１・６倍になるので、**たった一度の買い増しでポートフォリオにおける主力銘柄になってしまいます。**

そこからさらに同じ銘柄を買い増そうとすれば、その他の銘柄との乖離率がさらに大きくなるので、買い増したくても買い増せないですし、乖離を無視して買い増せばその１銘柄にポートフォリオ全体が振り回されかねません。

また、50〜１００銘柄も分散投資してしまうと次第に管理も雑になり、買い増す銘柄も値下がりしている株を適当に買ってみたり、あるいは勢いのある将来有望のイケてる銘柄を割高であるにも関わらず投資してみたりと、気づいたら特定の銘柄や特定のセクターに偏ったポートフォリオでグチャグチャになっているなんてことに陥るわけです。

そのため、ほとんどの**個人投資家は8〜16銘柄に絞って、堅実に運用・管理できる範囲に留めたほうが賢明**と言えます。

## 本当は難しいバリュエーション投資

個別銘柄への投資は、インデックスファンドやＥＴＦへの投資とは違い、**割高な銘柄を避けて割安な銘柄に投資することでリターンを最大化することができる**というメリットがあります。しかし、経験の浅い未熟な投資家ほど「低ＰＥＲ株を買って長期で保有すればいいんでしょ」と安易に投資して大損したりするケースも珍しくありません。

そもそもＰＥＲとは、ＥＰＳ（一株当たりの利益）に対して何倍で株が取引きされているかを示す指標で、概ね15倍程度が適正だなんて言われています。そのため、ＰＥＲが20倍以上だと「割高」、反対にＰＥＲが10倍以下だと「割安」と判断します。

株式投資は、企業の内在価値に比べて割安な株を買い、長期で保有することで成功しやすいと言われていますから、低ＰＥＲ株に投資したほうが高ＰＥＲ株に投資するよりもウマくいきやすい傾向があるわけです。

事実、ジェレミー・シーゲル著『株式投資　第4版（日経ＢＰ）』によれば、１９５７年12月末から２００６年12月末までの59年間、Ｓ＆Ｐ５００種指数に採用されている５００銘柄をＰＥＲが低い順番から5つのグループにわけて調査した結果、低ＰＥＲ株ほど高ＰＥＲ株に比べてパフォーマンスが高いことが明らかになっているんです。

とはいえ、低ＰＥＲ株だからって何でもいいっていうわけじゃないし、高ＰＥＲ株だからといって全部ダメなんてこともないです。そもそも**低ＰＥＲ株っていうのは、将来の利益見通しが悪化しているヤバい株である場合が多い**ので、そんな株ばかり投資していたらいつかババを引くことになるので気を付けなければなりません。

２０１５年頃にブームになっていたバイオセクターのギリアド・サイエンシズ（GILD）は、将来の利益見通しの悪化からＰＥＲが10倍を割り込んで低迷していたんですけれども、それを割安だと勘違いして買い向かった未熟な投資家たちが見事にババを引かされたんです。株価はその後も低迷し続け、ダウ平均が過去最高値を更新する中で依然として15年の高値から30％以上下げて低迷しています。

また、高ＰＥＲ株だからといって、必ずしも割高だなんてこともないんです。たとえば、原油価格の暴落が原因で一時的に利益が減少しているエネルギーセクターは、原油価格が回復すれば業績も回復することがわかっているので株価が下がりにくいんです。そのため、**利益が減少している一方で株価が下がらないので、一時的に高ＰＥＲ株になってしまう**ということもあるわけです。

したがって、ＰＥＲをバリュエーションの尺度として利用するなら、ある程度の経験と知識が必要になり、どうしてそのＰＥＲなのかがわかっていなければならないので、

## 安易に低ＰＥＲ株に飛びついたり高ＰＥＲ株に嫌悪感を示さない

ようにしてください。

また、バリュエーションの判断材料に配当利回りを使うケースもあります。

そもそも、配当利回りはＤＰＳ（一株当たりの配当）÷株価で算出されます。たとえばＤＰＳが１ドルで株価が40ドルの場合、配当利回りは２・５％になりますが、株価が20ドルに暴落した場合、配当利回りは５％と大きく上昇します。

つまり、**配当利回りが高いということは株価が安くなっていることを意味するため、バリュエーションの尺度と考えることができる**というわけです。このように配当利回りに着目した投資法で最も有名なのが「ダウの犬投資法」です。

「ダウの犬投資法」とは、１９９０年にマイケル・オヒギンズ氏が提唱した投資法で、ダウ平均に採用されている30銘柄の中から、最も配当利回りの高い５銘柄に投資して、年に一度だけ入れ替えるという投資戦略です。配当利回り率と株価の関係に着目した賢明な投資法だと思います。

とはいえ、この「ダウの犬投資法」には問題がいくつかありまして、それはコストが割高になるということです。たとえば、配当利回りの高い割安な株を買ったものの、株価が反発して年末に銘柄入れ替えの対象銘柄となれば、**含み益に20%の課税がされるだけでなく、銘柄入れ替えのために売買コストが発生します。**

加えて、**配当利回りが高い銘柄っていうのは、将来の業績見通しが悪化していることを意味するので、そういう銘柄は将来減配に陥る可能性があります。**つまり、株価がさらに下がって割安になっているのに、減配したせいで配当利回り上位5銘柄に該当せず、投資対象から外れるなどの問題も起きるのです。

先の項で確認したとおり、2014年~2016年にかけて、配当利回りをバリュエーションの尺度として注目していた個人投資家たちは、こぞって高配当株の多いエネルギーセクターばかりに投資していました。

しかし、原油価格が暴落すると、エネルギー企業各社が相次いで減配を発表。投資家たちは手にするはずだった配当金を失い、エネルギー株を狼狽売りしたのです。

アマゾン・ドットコムの躍進で、小売セクターの株価が相次いで暴落して高配当株が増えましたが、これだって減配されないとも限りません。安易に高配当に飛びつくのは気を付けたほうがいいです。飛び抜けて高い配当利回りの株を見つけたら、「誰もが見落としているお宝銘柄発見！」と興奮し、安易に飛びつくのではなくて、

ざわ…

ざわ…

ざわ…

ざわ…

ざわ…

ざわ…

「…何かおかしい」と危険を察しなければならないんです。そして、その「何か」がわからないのであれば、その場から立ち去り、**ハードルを「飛ぶ」のではなく「跨《また》ぐ」ような低い障害を探したほうが賢明です。**たとえば、タバコ世界最大手のフィリップ・モリス・インターナショナルや米通信大手のベライゾン・コミュニケーションズは、業界そのものの参入障壁が高く安定したキャッシュフローが見込める上、配当利回りも高いので、減配の心配をすることなく高配当利回りを享受することができます。

もちろん、飛び抜けて高い高配当株の中には、その後減配することなく業績が回復し、株価が大暴騰する場合もあるので、高配当利回りに飛びつくことが必ずしも失敗を意味するものではないので、挑戦したい人は挑戦すればいいと思います。当然、ハードルが高ければ高いほど、成功確率は低くなるのでオススメはしませんが。

## 高営業CFマージンでもセクター分散しなければハイリスク

お金がお金を生むマネーマシンを作りたいなら、バイ&ホールドするのにふさわしい銘柄に投資しなければなりません。そして、それにふさわしい銘柄とは、事業の競争優位性が高い銘柄を意味します。

では、何を持って競争優位性が高いと言えるのか？についてですが、これは同業他社に比べて営業キャッシュフロー・マージンが継続的に高いかどうかでわかります。

そもそも決算書には「損益計算書」「貸借対照表」「キャッシュフロー計算書」の三つが

あります。

「損益計算書」には売上高や営業利益などが記載されていますが、粉飾決算など不正会計をしている企業は、大抵この「損益計算書」をいじくり誤魔化している場合が多いです。

たとえば、2017年に富士フイルムHDが海外子会社の売上を、16年には東芝が利益をそれぞれ水増ししたり、11年にオリンパスが過去の損失を最近のM&Aの失敗による損失として計上して粉飾決算したのも、全部「損益計算書」の中でウソをついたものです。そのため**「損益計算書」は「会社の意見」**と言ったりします。

「貸借対照表」は「バランスシート」と言って、資産や負債など会社の体力を示しています。

そして、「キャッシュフロー計算書」とは、現金収支を表していて、実際に企業からいくらお金が出ていき、そしていくら入ってきたかを示しています。そのため**「キャッシュフロー計算書」は誤魔化しにくいという特徴があります。**

さて、営業キャッシュフローは、「キャッシュフロー計算書」に記載されているわけですが、これは企業が顧客に対して、商品やサービスを売ることで獲得した売上高の中から、営業に必要なコストを差し引いて、実際に企業に入ってきた現金収支のことを指します。

たとえば、A社が顧客に対して1億円の商品を販売し、これに8000万円のコストが発生、このコストをすべて現金で支払ったとします。

すると、売上高は1億円、営業利益2000万円（売上高－コスト）なんていうふうになりますが、顧客がA社に対して1000万円だけ支払い、残りの9000万円は売上債権（手形や売掛金など）だとすれば、企業はその年8000万円の現金が出ていった一方で1000万円の現金しか入ってきていないので、営業利益は2000万円の黒字でも、営業キャッシュフローは7000万円の赤字になってしまうのです。

でも、残りの9000万円は段階的に企業に支払われるわけだから問題ないでしょ？　って思うかもしれませんが、顧客の支払い能力が途中でなくなれば売上債権である残りの9000万円は回収できず、連鎖倒産する危険性もあります。

**企業はどれだけ利益が出ていても、手元にあるお金が無くなった瞬間倒産するものなので、企業にどれだけ現金が入って来たかを示す営業キャッシュフローは極めて重要な指標**

と言えるのです。

そのため、**個別銘柄に投資する場合は、この営業キャッシュフローが毎年黒字で着実に増えていることが理想的**です。

加えて、その企業が持続的に安定したキャッシュフローが見込めるかどうかは、競争優位性が高いかどうかでわかるわけですが、この競争優位性が高いかどうかは営業キャッシュフロー・マージンが高いかどうかでわかります。

営業キャッシュフロー・マージンとは、営業キャッシュフローを売上高で割って求めるのですが、**この数値が継続的に15%以上あると、競争優位性が高い**と言えます。（営業キャッシュフローや売上高に関しては各社証券会社の企業情報から簡単に閲覧することができます）

営業キャッシュフロー・マージンが高いということは、価格競争に陥ることなく、独自のブランド力や製品・サービスで利幅の取れる事業を展開していることを意味しますから、競争優位性の高いビジネスを有していると言えるのです。

とはいえ、投資家が注意しなければならないこともあります。それは**営業キャッシュフロー・マージンが高い銘柄だけでポートフォリオを構築するという愚行**です。

営業キャッシュフロー・マージンが高い企業というのは、ハイテクセクターに多いので、気づいたらポートフォリオがハイテク株ばかりになっていて、特定の景気局面で大きくリスクを取る羽目になりかねません。

そのため、営業キャッシュフロー・マージンを高い順から選ぶのではなく、**セクター分散をした上で、営業キャッシュフロー・マージンが比較的高い銘柄を中心にポートフォリオに組み入れる**といいでしょう。

## 素人にはバリュー株投資がオススメ ただし下落に動じるな!

投資スタイルには大きく分けて二つあります。企業の内在価値に注目したバリュー株投資と、企業の成長に注目したグロース株投資です。

バリュー株投資とグロース株投資では、どちらか一方が優れていてどちらか一方が劣っているなんていうことはありませんが、それぞれの投資スタイルにあったやり方をする必要があります。

たとえば、**バリュー株投資とは、株価が企業の内在価値よりも割安な銘柄に投資して長期で保有するというスタイルなので、割高な株を買ってはいけませんし、頻繁に売買することも間違っています。**そのため、短期間で大儲けするのではなく、割安な株を株価が適正な価格に回復するまで、辛抱強く持ち続けることで資産を最大化させる投資スタイルになります。

では、どうすれば内在価値よりも割安な株を見つけることができるのでしょうか。これは低ＰＥＲ株を探したり、高配当株を探すというのも一つの手ですが、誰にでも簡単にできる方法はないですし、ちょっと投資の勉強をした程度で判断できることではありません。そのため、これからバリュー株投資を始めてみようと考えている投資家は、株価を効率的市場仮説に委ねて、**素晴らしい企業の株をそこそこの値段で買うように努めてください。**

効率的市場仮説については第2章でも述べましたが、一言で説明すれば「株価はあらゆる情報を瞬時に織り込むため、概ね適正な価格が値付けされている」という概念です。つまり、たくさんの投資家がフォローしている超大型企業は、比較的適正な株価が値付けされているため、市場を出し抜くことは困難です。したがって、市場を出し抜くことを諦めて、敢えてバリュエーションを市場の判断に委ねることで、素晴らしい企業の株をそこそこの値段で手に入れて、長期で保有するという投資スタイルを目指したほうがずっと簡単です。

ちなみに、バリュー株投資における素晴らしい企業とは、歴史があり競争優位性の高い超大型株のことで、競争優位性の高さは営業キャッシュフロー・マージンが同業他社に比べて継続して高い企業のことです。

**つまり、バリュー株投資を実践したいなら、営業キャッシュフロー・マージンの高いコカ・コーラやジョンソン・エンド・ジョンソンを現在の株価で素直に買い、長期で保有するだけでいい**んです。

とはいえ、バリュー株を長期で保有するためには、やはりそれなりの覚悟が必要になるので、日々、投資の勉強をすることで自信を深めるといいと思います。

たとえば、２０１５年12月にＦＲＢ（米連邦準備制度理事会）が利上げに踏み切った時や、16年６月に英国がＥＵ（欧州連合）の離脱を決定した時など、株式市場が瞬間的に急落した場面がありましたが、この時、バリュー株投資家は持ち株を買い持ちしなければならなかったのにもかかわらず、経験の浅い未熟で覚悟のない投資家ほどパニックに陥り、せっかく安値で買ったバリュー株を株価が上がる前に狼狽売りしてしまったのです。

このように、バリュー株投資は優良株をただ買い持ちするだけなので一見簡単なようにも見えますが、**調整局面の度に、バリュー株投資家としての覚悟が試されるので、投資家には強い信念が必要**です。

また、一方でグロース株投資はこれとは全く別のやり方になります。重要な点を簡単にまとめると以下のようになります。

**【グロース株投資の五ヶ条】**

1　バリュエーションは無視しろ
2　グロース株に株主還元を求めるな
3　低PERグロース株に安易に飛びつくな
4　ひとつのセクターに集中投資するな
5　利食い・損切りのルールを設定し、それに従え

そもそもグロース株投資は業績がガンガン上がるタイプの銘柄に投資する必要があるため、ディフェンシブ銘柄のように株価が上がりにくい銘柄に投資することは間違いです。

「コカ・コーラもプロクター&ギャンブルも値上がりしないからクソ株だ」と決めつける人がいますが、それはこれらの銘柄が**キャピタルゲイン（値上がり益）を期待するタイプの銘柄ではなく、インカムゲイン（配当収入）を期待するタイプの銘柄だから値上がりしないのは当たり前**なのです。

ちなみに、代表的なグロース株と言えば、フェイスブックやアマゾン・ドットコム、アルファベット（グーグルの親会社）などで、これらの銘柄は配当を一切出していないので

インカムゲインが期待できない代わりに、利益成長によるキャピタルゲインが期待できます。

また、グロース株に投資する場合、その投資スタイルはバリュー株投資とは異なり、PERや配当利回りといったバリュエーションの尺度を無視する場合が多いです。

これはグロース株投資の本質が企業の利益成長に賭けることに他ならず、利益成長が期待できる銘柄とは自ずと高PER株になってしまうからです。そのため、アマゾン・ドットコムのPERは過去二年間、ずっと数百倍と割高を示していましたが、株価はその間二倍以上に上昇しました。

**一方で低PERグロース株というのは、多くの投資家がこの銘柄に対して利益成長が期待できないことを意味しているので割安だと勘違いして安易に飛びつかない**ようにしてください。

たとえば、最近の例で言えば、米スポーツシューズショップ大手のフット・ロッカーが低PER株という理由で買い向かったクソダサいグロース株投資家たちがいましたが、その後フット・ロッカー株は彼らの買い値以下に大暴落して、結局損切りをする羽目になったのです。

それ以前にも、米バイオ大手ギリアド・サイエンシズなどのバイオ株を低ＰＥＲ株という理由で買っていたクソダサいグロース株投資家がいましたが、やはり買い値からさらに株価が暴落して、市場平均を大幅にアンダーパフォームする羽目になりました。

とはいえ、必ずしも低ＰＥＲグロース株投資が失敗するわけではありません。たとえばそれがアップルの場合、16年9月期ＥＰＳ（一株当たりの利益）は前年同期比約10％の減益だったことから、アップルの成長はピークアウトしたと考えられ、ＰＥＲが10倍台まで低迷しました。しかし、その後「iPhone」や「Mac」を高単価戦略にシフトすると業績が改善。再び増収増益路線に復活し、株価が大きく上昇しました。

このようなこともあるので、一概に低ＰＥＲグロース株投資が失敗するとは言えませんが、一般的に勢いを失った低ＰＥＲグロース株投資は失敗しやすいので注意する必要があります。

また、セクター全体に勢いがある場合、グロース株投資家は度々そのセクターばかりに投資しがちです。たとえば、今ならハイテクセクターがそうだし、その前はバイオセクターがそうでした。しかし、**一つのセクターの中でいくつもの銘柄に分散投資していても、特定のセクターに偏ったポートフォリオであるなら、それを分散投資とは言いません。**

グロース株投資はバリュエーションを無視するため、高PER株にも投資する場合がありますが、一度勢いを失ったグロース株は大きく暴落することも珍しくないため、あらかじめ設定した損切りルールにしたがって売買しないと、投資家として致命傷を負う羽目になるので十分に注意してください。

ちなみに、バフェット太郎のポートフォリオには一銘柄もグロース株を組み入れていませんが、これはポートフォリオ全体のボラティリティ（変動率）を抑えながら、配当を再投資することで資産の最大化を目指しているためであり、決してグロース株がダメだと言っているのではありません。

ただし、バリュー株投資より配当が期待できないだけでなく、頻繁に売買する必要が出てくるため、お金がお金を生むマネーマシンを作るのにはやや不向きです。

## 配当を再投資する・しないで7億円以上の違いが出ちゃった！

配当を再投資するかしないかで、将来の資産に大きな差が生まれるので、配当を甘く見てはいけません。

ジェレミー・シーゲル著『株式投資の未来（日経BP）』によれば、1871年に株式に1000ドル投資して2003年末まで配当を再投資した場合のリターンと、同期間に再投資せず、配当を現金のまま貯め込んだ場合のリターンとでは、最終的な資産額の差に24倍もの差が生まれたとのこと（次ページ図）。

表を眺めると、1871年から2003年末までの122年間、株式に1000ドル投資して配当を再投資した場合、最終的に約800万ドルと8000倍にもなったのに対して、配当を再投資しなかった場合は、当初の1000ドルは約24万ドル、この間に得られた配当約9万ドルを加えても33万ドルと、330倍にとどまりました。

## ●配当再投資は再投資なしの配当投資より24倍儲かる？

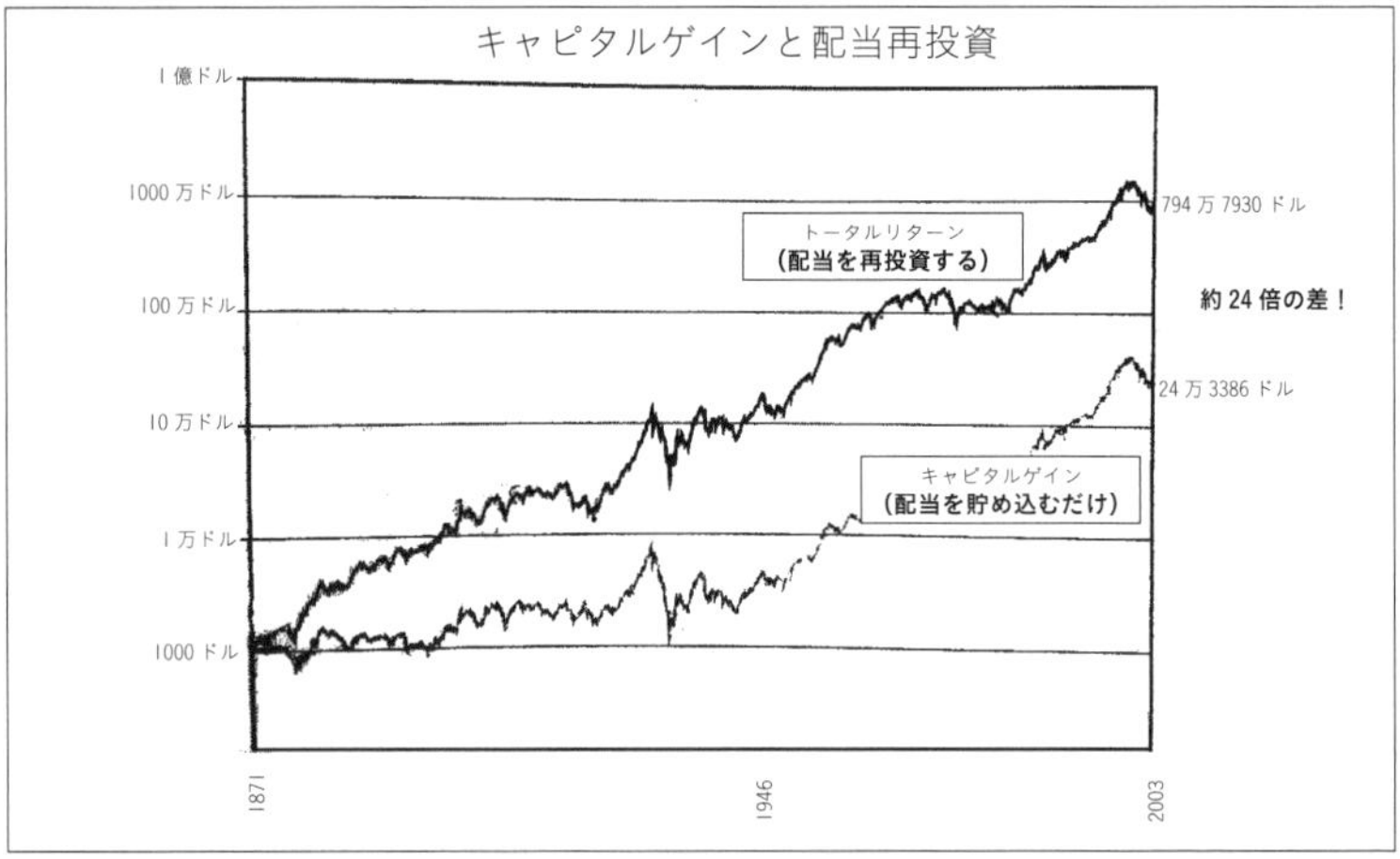


出所：ジェレミー・シーゲル『株式投資の未来』

配当を再投資した場合の平均年率はインフレ調整ベースで7％、再投資しなかった場合は4・5％と、一見すると2・5ポイントの差しかないように思えますが、時間の経過とともに資産額に差が開き、最終的に24倍もの差が生まれました。

このように、長期投資において配当再投資の重要性がかなり大きいってことがわかったんじゃないかなと思います。しかし、多くの個人投資家は配当を再投資したりしません。これはなぜかというと、そのお金を消費に回してしまったり、あるいは**暴落局面で買い向かう時のために貯め込んだりする**からです。

とはいえ、暴落がいつ来るかは誰にも

## ●バフェット太郎の税引き後累積収益額（再掲）

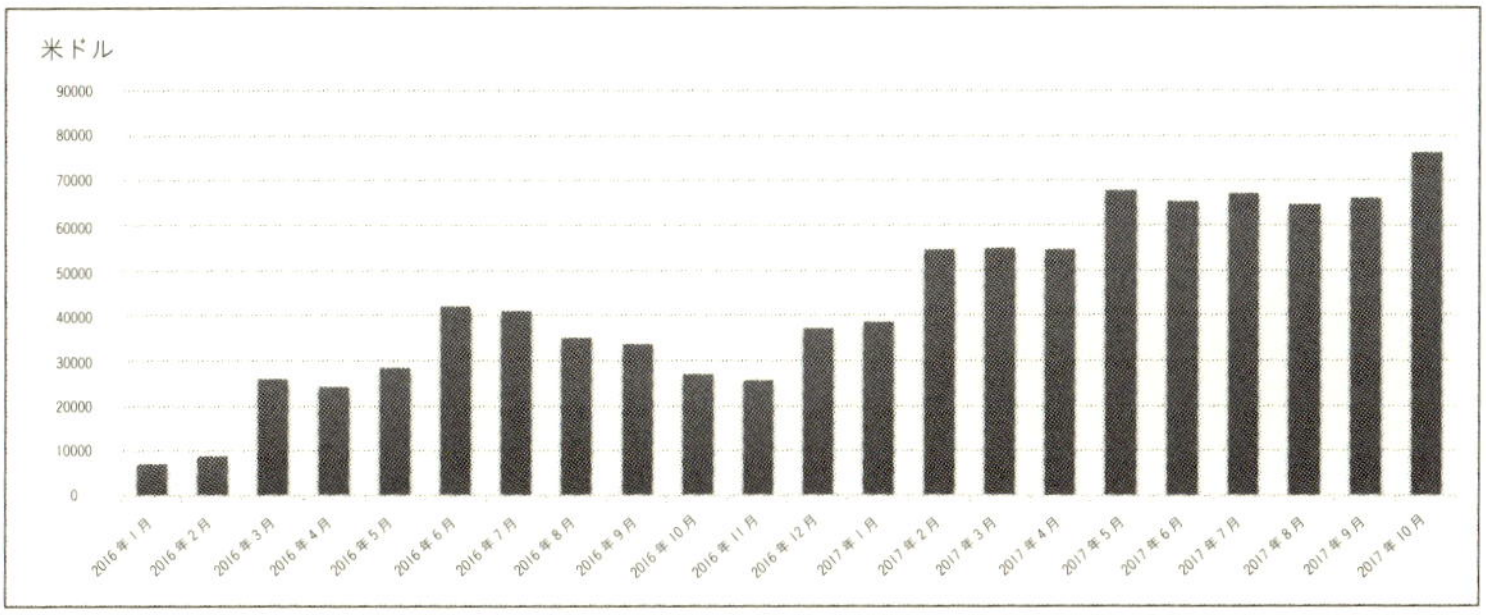


わかりませんし、株価が上昇し続けた結果、二度と今の値段では買えなくなるかもしれないことを考えれば、**配当を貯め込むことは機会損失の原因になりえます。**

事実、２０１６年に１万６０００ドルだったダウ平均は、わずか２年で２万５０００ドル近くまで上昇したので、再投資を怠った個人投資家は実損こそしていないものの、機会損失をしたことになります。

ちなみに、バフェット太郎は月末になると必ず配当を再投資しているので、そうした機会損失をすることはありません。

バフェット太郎の２０１６年１月～17年12月末までの約二年間の累積収益額（税引き後）をもう一回見てください。時間の経過とともに右肩上がりで上昇していることがわかると思います。

これは、これまでの配当を全て再投資に回したことで、買い増した分の株からキャピタルゲインとインカムゲインの両方の恩恵を受けることができたためです。

また、こうした**配当再投資戦略は弱気相場で本領を発揮するんでしたね。**バフェット太郎が保有している銘柄はどれも連続増配銘柄ばかりで、00年のドットコムバブル崩壊や08年の金融危機でも増配をしたような企業ばかりです。

そのため、弱気相場において、株価が下落して割安になり、さらに高配当利回りになった株を配当で買い増すことができるので、買い増した株が次の強気相場の加速装置となり得るのです。

あと、注意して欲しいのは、「連続増配株」と「高配当株」を混同してはいけないということです。**連続増配株は不況時に配当利回りが高くなり、配当金でより多くの値下がりした株を買い増すことができますが、高配当株に投資しても不況時に減配することが多々あるため、せっかく値下がりした株を買おうと思っても配当が減配しているため、十分に買い増すことができないん**です。

そのため、**投資する銘柄は連続増配実績が20年以上あるか**（つまり、00年のドットコムバブル崩壊と08年の金融危機でも増配しているか）、**あるいは連続増配実績が20年未満でも、事業の競争優位性の高さを背景に、安定した配当が期待できるかどうかに注目**してください。

## バイバック株投資には ゴミ株に買い向かう勇気が必要

「配当再投資戦略は配当金の一部を税金として納める必要があるからバイバック銘柄への投資より不利だ」なんて意見があります。

これについて、バフェット太郎は確かにその通りだななんて思うわけでありますが、じゃあどうしてバイバック銘柄に投資しないのかと言いますと、「バイバック銘柄への投資は机上の空論であると同時に、リスク許容度を超えるほどにボラティリティが大きいから」というのが理由です。

そもそも「バイバック銘柄」というのは、積極的に自社株買いをする企業のことです。企業は株式市場に出回っている自社株を買い戻すことで、ＥＰＳ（一株当たりの利益）を押し上げることができるので、通期の純利益が横這いでも、自社株買いを続けることで長期的に株価を上げ続けることができるのです。

バフェット太郎の配当再投資戦略は、企業から投資家へ配当が支払われる際、現地課税（10％）と国内課税（20・315％）で合計約30％の税金が掛かります。（現地課税の10％分については、所得に応じて還付を受けることができます）そして、税金を差し引いた分を再投資するわけですから、当然買い増せる株は税引き前配当額より2〜3割減ります。

一方でバイバック銘柄は、投資家に配当を支払わない代わりに自社株買いをするので、余計な税金を支払うことなく、より多くの自社株を買い戻すことができるのです。

そのため、長期的に見れば連続増配株への配当再投資戦略より、バイバック銘柄に投資してバイ＆ホールドしたほうが報われやすいというわけです。ただし、バイバック銘柄への投資のデメリットは、**投資先の企業が将来にわたって自社株買いを続けてくれるかどうかがあらかじめわからない**ことです。

「バイバック銘柄への長期投資は税制上、連続増配株への配当再投資戦略より有利」と言ったところで、将来にわたって自社株買いを続けてくれる企業があらかじめわからなければ、バイバック銘柄に投資することはできません。

それなら、連続増配株への投資も同じじゃないかと思うかもしれませんが、それは少し違います。確かに企業が自社株買いを続けてくれるかどうかがわからないことと同じように、配当を支払い続けてくれるかどうかをあらかじめ知る方法はありませんが、**企業の経営陣は自社株買いよりも配当を重視する傾向にある**んです。

なぜかと言いますと、配当の場合、一度配当額を決めれば、経営陣はこれを引き下げないように必死になって配当を維持しなければならず、仮に減配を発表すれば、たちまちのうちに株価が急落し、「経営失敗」の烙印が押されてしまうからです。

一方で自社株買いは、経営陣の評価にそれほど大きな影響を与えません。もちろん、自社株買いを発表すれば、一時的に株価は上がりますが、その後、本当に自社株買いが実施されるかどうかの保証はありません。

また、**バイバック銘柄のほとんどは好況時ほど自社株買いをするものですが、不況になると途端に自社株買いをしなくなります**。これは割高な株をより多く買い増し、割安な株は見送ることをしているわけですから、あまり賢いとは言えません。

加えて、**バイバック銘柄はボラティリティの高い銘柄も少なくありません**。たとえば、バイバック銘柄として有名なホームセンター大手のロウズ・カンパニーズは07年の不動産バブル崩壊を受けて株価が60％も暴落しました。また、医療保険最大手のユナイテッドヘルス・グループは08年の金融危機で70％の暴落。クレジットカード大手のアメリカン・エキスプレスに至っては同期間中80％超も暴落したのです。

株価がその後急反発することが分かっていて、業績の回復とともに自社株買いが復活することがあらかじめわかっているのなら、誰もがバイバック銘柄が低迷している時に投資してお金持ちになれますが、自分の金融資産が目の前で半値以下になり、多くの専門家やアナリストたちが

# 「この銘柄はもうゴミクズだ」

なんて言っている時に、どっしり腰を据えて長期投資できる投資家なんてほとんどいないのです。

こんなこと書くと、「チキン野郎はマジで可哀想乙ｗｗ　俺はバイバック銘柄が低迷している時に果敢に買い向かえるわｗｗ」なんて煽《あお》って来る人がいますが、そういう人にとっておきの銘柄があります。

バイバック銘柄として有名な家具・インテリア小物の小売りチェーンのベッド・バス・アンド・ビヨンドで、Ｓ＆Ｐ５００種指数に採用されている名の知れた大型株です。同社は過去6年間で発行済み株式数の42％分を買い戻すなど積極的に自社株買いをしていますが、ネット通販大手アマゾンの躍進を受けて業績が低迷し、株価は14年の高値から75％も暴落しています。

まるで、金融危機の中で倒産するかもしれないと総悲観の中にあったアメリカン・エキスプレスを彷彿とさせますが、現状、「オワコンのゴミ株」と言われているベッド・バス・アンド・ビヨンドの株を買い向かおうとする投資家はほとんどいません。

こうしたことから、**自社株買いが実施される保証がないうえ、ボラティリティの高いバイバック銘柄を長期投資しようと思っても、多くの場合で投資家のリスク許容度を超えてしまう**ので、少なくともバフェット太郎の投資対象にはなり得ませんでした。

ただし、バイバック銘柄への投資が完全に間違っていると言っているわけではありません。ベッド・バス・アンド・ビヨンドの業績が回復するかどうかの予想は難しいけれど、ロウズ・カンパニーズの業績が回復するかどうかの予想は比較的簡単だったとの見方もあります。

そもそも、ロウズ・カンパニーズは不動産バブルの崩壊で業績が悪化しただけなので、不動産市況の回復次第で業績が再び回復することが予想できるのです。（いつ市況が回復するかというタイミングは誰にもわかりませんが）

そう考えると、ボラティリティが高いという事実は変わらないので、臆病で慎重な投資家には不向きですが、リスク許容度の大きい投資家はバイバック銘柄に投資してみてもいいかもしれませんね。

## さあっ！　最強のマネーマシン作ろう！

なんとなく、世の中にある投資本のたぐいって、投資哲学的なことがたくさん書いてあるんですけど、実際問題じゃあどうすればいいのよって肝心なことが書いてなくて、もう

**手取り足取り教えてよっ**

て不満に思っている人も少なくないと思います。そこで、バフェット太郎が具体的なマネーマシンの作り方を手取り足取り説明しようと思います。

まず、マネーマシンを作る際の手順なんですけど次の通りになります。

STEP1：銘柄数の決定
STEP2：景気循環別、銘柄数の決定
STEP3：個別銘柄の決定

## 【STEP1：銘柄数の決定】

まず初めに、あらかじめ保有したい銘柄数を決定します。前述した通り、個人投資家の最適な銘柄数は8～16銘柄になるので、最初は10銘柄程度を目安にポートフォリオを構築することをオススメします。

これは何も一度決めた銘柄数をずっと守り続ける必要はなくて、運用している途中で投資したい銘柄も出てくると思いますから、最初は大雑把に決めてもらって大丈夫です。

## 【STEP2：景気循環別、銘柄数の決定】

次に、景気循環別、銘柄数を決定します。この景気循環別というのは、それぞれの景気局面に強いセクターというのがあって、具体的に言うと次の通りになります。

「回復」ハイテク株、金融株
「好況」資本財株、一般消費財・サービス株、素材株
「後退」エネルギー株
「不況」生活必需品株、ヘルスケア株、通信株、公益株

2017年は景気の回復局面にあたるため、FAAMG株に代表されるような主要ハイテク株が好調でした。また、利上げの恩恵を受けると見られる金融株もこれから人気化すると思います。

そして、好況になって企業の投資や個人の消費が活発になると、資本財株や一般消費財・サービス株などの景気敏感株が買われるようになります。これらのセクターの株価が大きく上昇している時は株式市場全体が強気相場になるので、ただ株を買い持ちしているだけで誰もが天才投資家になれてしまうボーナスステージのような状態になりやすいです。

そして、景気が後退し始めるとあらゆるセクターの株が売られますが、強いて言えばエネルギー株が買われやすいです。

最後に、不況局面ではあらゆる株が暴落するので、好況局面で自分は天才投資家だと浮かれていた投資家たちは

# 脱糞しながら泡を吹いて気絶

することになります。とはいえ、景気の良し悪しに関わらず、業績が堅調なセクターもあって、それが生活必需品株やヘルスケア株などになります。

これらのセクターは景気が良いからといって業績が上向くわけではありませんが、景気が悪いからと言って業績が下向くわけではないからです。とはいえ、不況局面で株価がガンガン上がるなんてことはなくて、割高になっていたバリュエーションが株式全般から剥がれ落ちるため、他のセクターよりも買い支えられやすく、ボラティリティが低い程度に思ってください。

このように、それぞれの景気局面に強いセクターというのがあるので、たとえば好況局面に強い資本財株や一般消費財株・サービス株、素材株にいくら分散投資したとしても、

不況局面でセクター内の全ての銘柄が激しく売られるので、分散投資ができているとは言えないのです。

次にこれらを踏まえた上で、自分の好みの配分を決定します。

たとえば、「回復2銘柄、好況4銘柄、後退1銘柄、不況3銘柄」とか、あるいは保守的な投資家なら「回復3銘柄、好況2銘柄、後退1銘柄、不況4銘柄」と言った感じです。

ちなみに、バフェット太郎はというと、「回復1銘柄、好況1銘柄、後退1銘柄、不況7銘柄」とかなり保守的なポートフォリオにしています。これは**バイ&ホールドを前提にしていることや保有銘柄数が10銘柄と比較的少数銘柄でポートフォリオをデザインしているため、一銘柄当たりのボラティリティ**（変動率）**を抑えたかったことが理由**です。

詳しく説明しておくと、分散している銘柄数が少なければ少ないほど、一銘柄当たりのボラティリティが資産全体に与える影響は大きくなりがちです。そのため、8～10銘柄程度に分散投資するならやや保守的過ぎるくらいがちょうどいいです。一方で16～20銘柄くらいに分散投資するなら、一銘柄当たりのボラティリティが資産全体に与える影響は小さくなるので、資本財株や一般消費財・サービス株、あるいは素材株など、ボラティリティの大きな銘柄を積極的にポートフォリオに組み入れてもいいと思います。

最後に個別銘柄の決定ですが、お金がお金を生むマネーマシンをつくるのに、特別なお宝銘柄に投資する必要なんてありません。

誰もが知っている一握りの優良株に投資するだけで十分なリターンが期待できるんです。かくいうバフェット太郎もコカ・コーラやジョンソン・エンド・ジョンソンなど誰もが知っている銘柄ばかりに投資しています。

そのため、米国株に長期投資している投資家の保有銘柄は、みんな似たり寄ったりの銘柄ばかりになります。投資家の中にはこれを恥ずかしいと思う人もいるようですが、恥ずかしがる必要は全くありませんからね。

たとえばみんなと同じ「iPhone」を使っているからと言って誰も恥ずかしいなんて思わないのは、それが他のスマホよりも優れていることが誰の目からも明らかだからです。それと同じように米国株も、他のみんなと同じ似たり寄ったりの銘柄だとしても、それが他の銘柄よりも優れていることは誰の目からも明らかなので、恥ずかしがらずに堂々と投資すればいいのです。

### 【STEP3：個別銘柄の決定】

最後にＳＴＥＰ３の個別銘柄の選定です。「バフェット太郎厳選！　マネーマシンに最適な黄金銘柄30種」を紹介します。

## バフェット太郎厳選！ 賢者のための黄金銘柄30種

お金がお金を生むマネーマシンを作りたいなら、どんな銘柄でも良いってわけじゃなくて、質の高い優良株に投資しなければなりません。

そこで、ここではバフェット太郎がマネーマシンに最適な黄金銘柄を厳選して紹介したいと思います。ここに紹介してある銘柄はどれも永続的なキャッシュフローが期待できるだけでなく、安定した配当も期待できる銘柄ばかりです。また、特定の数値を条件に機械的にスクリーニングしたわけではないので、連続増配実績が浅くても今後も安定した配当が見込めると思う銘柄もピップアップしました。（P154〜160）

P160の30種一覧表の右から三番目の「営業C/F」は、過去三年間の平均営業キャッシュフロー・マージンを表していて、これが高ければ高いほど、競争優位性の高い事業を保有していることを意味します。とはいえ、小売株やエネルギー株は事業の構造上、営業キャッシュフロー・マージンが低くなりがちなので、そこは割り引いて考えてください。

黄金銘柄30種はどれも競争優位性の高い銘柄ばかりなので、**最低でも10〜15年間の長期保有が見込まれます**。ただし、永久に保有できるかどうかは個別の事情によるところが大きく、環境の変化で競争優位性が脅かされる場合もあるので確実なことは言えません。

とはいえ、たとえばソフトドリンクや洗剤、タバコなどの製品は競合他社のそれと比べて、性能や品質にそれほど大きな違いはなく、ブランド力が勝敗の決め手となることから、コカ・コーラ株などは20〜30年以上保有することができると考えられます。

もし、長期保有するだけの自信が持てないようなら無理に投資するべきではありません。**仮に自信の持てる銘柄だけでポートフォリオを構築した場合、5銘柄（ポートフォリオ全体の3〜6割）にしか投資できないのなら、残りの4〜7割をS&P500ETFで代用するなど柔軟に分散投資してください。**ちなみに、個別銘柄の更新情報は各社証券会社のサイトから閲覧することができます。

これらの銘柄を中心にポートフォリオを構築するだけで、誰もが驚くほど簡単にお金がお金を生むマネーマシンを作ることができます。とはいえ、クソダサい投資家ほど、黄金銘柄に投資していながら間違った投資のやり方で自らパフォーマンスを悪化させたりするものです。

言い方を替えれば、**どんな高級な食材を用意しても、クソダサい投資家は間違った料理の作り方をして食材を台無しにしてしまう**のです。そこで第四章では、高級な食材を台無しにしないよう、クソダサい投資家がやりがちな投資法を紹介しつつ、正しい投資技法を記していきましょう。

## 30種の詳細（一覧表はP 160）

【アップル：AAPL】
スマホ「iPhone」が売上高の6割を占めていて、同社のドル箱になっています。今後も強力なブランド力を武器に高い収益性と安定した配当が期待できます。２０１６年にはバフェットの主力銘柄になりました。

【マイクロソフト：MSFT】
世界的なソフトウェア企業で、PC用OSの「ウィンドウズ」や業務用ソフトの「オフィス」で世界首位。近年はクラウドサービの「オフィス365」や「アジュール」も成長。ライセンス収入などの法人向けが手堅く、安定したキャッシュフローの源泉をいくつも持っています。

【インテル：INTC】
世界最大の半導体メーカー。パソコン向けCPUは世界シェア8割と独占。しかし、モバイル向けは英ARMに苦戦。２０１４年に増配こそしなかったものの、長期的に安定した配当が期待できる優良株です。

【ＩＢＭ：IBM】
ITサービス大手。不採算部門からの撤退で22四半期連続の減収となるも、利益率の高いクラウド、アナリティクス、モバイル、ソーシャル、セキュリティの戦略分野へ積極投資しており、着実に成長していることから将来に明るい兆しが見えつつあります。

【ウェルズ・ファーゴ：WFC】
リテール銀行大手で、住宅ローンや中小企業向け融資で全米一位、自動車ローンや学生ローンでは二位。銀行としてのブランド力は絶大で、バフェットの主力銘柄でもあります。

【USバンコープ：USB】
全米5位の金融持ち株会社でリテールや法人向け金融、商業不動産、資産管理・運用、証券・決済業務など総合金融サービスを提供。収益性に優れていて、今後は安定した配当も期待できます。

【スリーエム：MMM】
コングロマリット大手。「ポストイット」や「スコッチブライト」などの消費財ブランドで知られていますが、電気、電子、ヘルスケア、通信、自動車・交通、オフィスなど幅広い産業分野に製品を供給しています。連続増配年数は58年と半世紀以上。配当性向は約50％と減配の心配はありません。

【ユニオン・パシフィック：UNP】
米国最大の鉄道輸送会社。業界再編以降収益性が増したことで、営業キャッシュフロー・マージンは30％を超えています。また、連続増配年数は7年と比較的短いものの、収益性が改善していることもあり、今後は持続的な増配が期待できます。

【キャタピラー：CAT】
世界最大の重機メーカー。収益柱は資源開発・建設業者向けの油圧シャベルやブルドーザーで、「CAT」のブランドで知られています。業績は景気に左右されやすく、今後世界経済の拡大が予想される中で、業績の拡大が期待されます。

【エマソン・エレクトリック：EMR】
電気・電子機器製造のコングロマリット。配当は60年連続で増配しており、連続増配銘柄の代表格です。

【ホームデポ：HD】
世界最大のホームセンター。小売業界はネット小売大手アマゾンの躍進に軒並み苦しむも、ホームセンターの商品はどれもかさばり、ネット通販には不向きであることから無傷。また、住宅市場が好調であることを背景に、今後も業績の拡大が見込まれています。

【マクドナルド：MCD】
世界最大の外食チェーン。売上高の一部や賃料がフランチャイズ収入となり収益の柱になっているので、利益率も高く、安定したキャッシュフローが見込めます。連続増配年数は40年で減配の可能性は低いです。

【エクソン・モービル：XOM】
世界最大の石油会社。石油・ガスの探査・生産、燃料・化学品の精製・販売等を展開する垂直統合型エネルギー企業です。原油価格が上昇すれば川上部門が収益を稼ぎ、下落すれば川下部門が下支えするので、広くリスク分散がされています。

【シェブロン：CVX】
石油世界最大手の一角。エクソン・モービル同様、垂直統合型であるものの、やや上流部門に集中しているため、原油価格の上昇局面ではエクソン・モービルよりも株価が上昇しやすいです。反対に原油価格の下落局面ではエクソン・モービルよりも株価が下落しやすいです。

【プロクター＆ギャンブル：PG】
世界最大の日用品会社。多彩なブランドを展開していますが、近年は利益率の低いブランドを売却し、ブランドの選択と集中を進めたことで利益率が改善しました。連続増配年数は60年です。

【コカ・コーラ：KO】
ソフトドリンクで世界最大級。主力ブランド「コカ・コーラ」を筆頭に世界中の小売店や飲食店で販売されています。最近は利益率の低いボトリング事業をフランチャイズ化することで減収減益が続いているものの、18年12月期以降、利益率が改善することが期待されています。

【ペプシコ：PEP】
ソフトドリンクとスナック菓子で米最大級。営業キャッシュフロー・マージンはコカ・コーラ社に劣るも、ソフトドリンクとスナック菓子で事業分散できているため、炭酸飲料離れが進む中、利益は底堅く推移しています。

【フィリップ・モリス・インターナショナル：PM】
世界最大のタバコ会社。２００８年にアルトリア・グループの米国外事業が分離して誕生。主力ブランド「マールボロ」を筆頭に、世界トップ15銘柄のうち6銘柄のタバコブランドを保有しています。電子タバコの「アイコス」も好調です。

【アルトリア・グループ：MO】
米最大のタバコ会社。主力ブランド「マールボロ」を筆頭に「ラーク」や葉巻の「ブラック＆マイルド」を保有し、ワインも展開しています。タバコ会社は参入障壁が高いことから、ライバルと激しい競争にさらされることもありません。

【ウォルマート：WMT】
世界最大の小売りチェーン。米国の低所得者層から絶大な支持を受けており、ローコスト経営としても知られています。近年はIT化の促進で、既存店舗の売上高、客数ともに改善しています。また、近年は新興ネット通販の「ジェット」を買収したことで、ウォルマートのネット通販事業が飛躍的に拡大しています。

【コルゲート・パルモリーヴ：CL】
米家庭用品で三位。歯磨き粉は主力ブランド「コルゲート・トータル」で世界シェアトップ。日用品だけでなくペット用品事業も展開し、200以上の国と地域で販売しています。また、半世紀以上にわたって増配を繰り返しています。

【モンデリーズ・インターナショナル：MDLZ】
食品大手でビスケット、チョコ、キャンディで世界一。「ナビスコ」「トライデント」など多彩なブランドを手掛けています。２０１２年に北米食品部門を分離したため、地域別売上高の約75％を米国外で稼いでいることからドル安に強いです。

【クラフト・ハインツ：KHC】
世界5位の食品会社。2015年にチーズ類のクラフトとトマトケチャップのハインツが合併して誕生しました。バフェット主力銘柄としても有名です。

【ジョンソン・エンド・ジョンソン：JNJ】
トータル・ヘルスケア大手。「医薬品」「医療機器」「日用品」の三部門で構成されており、医薬品で世界5位。医療機器では世界首位級です。日用品はバンドエイドやリステリンなど多彩なブランドを展開しています。

【アッヴィ：ABBV】
バイオ製薬大手。２０１３年にアボット・ラボラトリーズからスピンオフして誕生しました。抗リウマチ治療薬の「ヒュミラ」が主力です。

【アムジェン：AMGN】
バイオ医薬品メーカー大手。遺伝子組み換え技術を基盤に医薬品を開発しており、主力は関節リウマチ治療薬の「エンブレル」と白血球増殖薬の「ニューラスタ」。キャッシュフロー・マージンは40％を超えており、競争優位性が極めて高いです。

【アボット・ラボラトリーズ：ABT】
ヘルスケア総合大手。「乳児用粉ミルク・栄養補助食品」「免疫検査・測定機器」「エスタブリッシュ医薬品（医療現場で広く使用され、実績のある特許切れ医薬品）」「血管系医療機器」の4分野を柱に多角化経営しています。

【AT&T：T】
世界最大級の通信サービス会社。かつて米国の電話事業を独占していたものの、80年代に地域電話会社を分離。2005年には元傘下のSBCコミュニケーションズに逆買収されました。通信料が主な収益源であるものの、競合他社と差別化するために衛星放送最大手のディレクTVを買収するなど、今後はコンテンツにも力を入れていく方針です。

【ベライゾン・コミュニケーションズ：VZ】
世界最大級の通信サービス会社でAT&Tと2強。２０１４年にベライゾン・ワイヤレスを完全子会社化。通信料が主な収益源であるものの、競合他社と差別化するために、15年にネット大手のAOLを買収、さらに米ヤフーのネット事業を買収するなどして、ネット広告の分野に力を入れています。

【サザン：SO】
米最大級の電力・ガス会社。電力とガスを合わせた顧客数は900万と全米で2位。キャッシュフロー・マージンは30％台を超えており、配当利回りも比較的高いです。

## ●バフェット太郎厳選！　賢者のための黄金銘柄30選

| セクター（景気循環） | ティッカー | 社名 | 営業C/F（%） | 配当利回り（%） | 連続増配年数 |
|---|---|---|---|---|---|
| ハイテク（回復） | AAPL | アップル | 31.43 | 1.45 | 4 |
| 〃 | MSFT | マイクロソフト | 37.79 | 1.94 | 13 |
| 〃 | INTC | インテル | 36.76 | 2.29 | 2 |
| 〃 | IBM | IBM | 19.49 | 3.91 | 17 |
| 金融（回復） | WFC | ウェルズ・ファーゴ | 47.39 | 2.59 | 5 |
| 〃 | USB | USバンコープ | 62.03 | 2.19 | 6 |
| 資本財（好況） | MMM | スリーエム | 20.75 | 1.98 | 58 |
| 〃 | UNP | ユニオン・パシフィック | 33.31 | 1.98 | 7 |
| 〃 | CAT | キャタピラー | 15.42 | 2.08 | 7 |
| 〃 | EMR | エマソン・エレクトリック | 17.19 | 2.84 | 60 |
| 消費財・サービス（好況） | HD | ホームデポ | 10.13 | 1.90 | 4 |
| 〃 | MCD | マクドナルド | 25.05 | 2.32 | 40 |
| エネルギー（後退） | XOM | エクソン・モービル | 10.98 | 3.71 | 34 |
| 〃 | CVX | シェブロン | 14.57 | 3.57 | 31 |
| 生活必需品（不況） | PG | プロクター＆ギャンブル | 20.66 | 3.01 | 60 |
| 〃 | KO | コカ・コーラ | 22.59 | 3.21 | 54 |
| 〃 | PEP | ペプシコ | 15.92 | 2.71 | 44 |
| 〃 | PM | フィリップ・モリス・インターナショナル | 29.52 | 4.10 | 9 |
| 〃 | MO | アルトリア・グループ | 18.62 | 3.63 | 8 |
| 〃 | WMT | ウォルマート | 5.73 | 2.08 | 42 |
| 〃 | CL | コルゲート・パルモリーヴ | 19.14 | 2.15 | 53 |
| 〃 | MDLZ | モンデリーズ・インターナショナル | 13.02 | 2.05 | 3 |
| 〃 | KHC | クラフト・ハインツ | 13.35 | 3.23 | 3 |
| ヘルスケア（不況） | JNJ | ジョンソン・エンド・ジョンソン | 25.91 | 2.37 | 54 |
| 〃 | ABBV | アッヴィ | 27.89 | 2.92 | 44 |
| 〃 | AMGN | アムジェン | 40.82 | 3.00 | 6 |
| 〃 | ABT | アボット・ラボラトリーズ | 16.24 | 1.99 | 44 |
| 通信（不況） | T | AT&T | 24.79 | 5.19 | 32 |
| 〃 | VZ | ベライゾン・コミュニケーションズ | 25.98 | 4.43 | 10 |
| 公益（不況） | SO | サザン | 31.91 | 4.65 | 15 |

※数値は2017年12月20日現在

## コラム ピケティが証明した資本主義の残酷さ

フランスの経済学者トマ・ピケティ氏は「r＞g」という一つの不等式で資本主義がいかに残酷であるかということを証明しました。「r」とはリターン・オン・キャピタルのことで資本収益率（投資利回り）を意味し、「g」とはエコノミック・グロース・レートのことで経済成長率（賃金の伸び率）を意味します。

ピケティ氏は15年かけて世界20ヵ国の税務データを200年以上遡って調べ上げ、その結果、資本収益率が年率4〜5％成長するのに対して、経済成長率は1〜2％しか成長しないことを突き止めました。つまり、資本主義は「資本家＞労働者」という式に導かれて、格差が拡大するようにデザインされているというわけです。

そこで、格差是正を求めて労働者の方たちはデモとかするわけですが、バフェット太郎は正直デモをやるくらいなら、働いて稼いだお金で株を買って資本家の側に行けばいいだけなのに、「**そんなこともわからないとかウケる可哀想ｗｗｗ**」って思うわけであります。

だって、黄金株に投資すれば安定した配当が期待できて、バイ＆ホールドして配当を再投資するだけで、永続的に資産を増やし続けることができるんですよ？　それなのに、多くの非投資家たちは「配当が保証されているわけでもなければ、倒産するリスクだってある」と反論して投資をしようともしません。そして実際その通りなので、「やっぱり投資はしない方がいいし、堅実に貯金した方がいい」となるわけです。

でも、これこそが情弱の極みだと思うんですよ。彼らはそれ以上考えることをしないんです。どうして配当が保証されず、企業は倒産するのか。そしてどういうビジネスなら安定した配当が期待できるのか。そういうことを考えていくと、何に投資すればいいのかってことが見えてきます。次章で触れますが、たとえばコカ・コーラ社なんていうのはほぼ永続的に利益を出し続ける会社です。そういう仕組みになっているのです。

しかし、多くの非投資家はそこまで考えません。彼らが永遠に投資をしないことを考えると、**世の中の仕組みを知っているか知らないかで、取り返しのつかないほどの絶望的な資産格差が生まれる**のだから、資本主義ってなんて残酷なんだろうと思うわけです。

# 第4章
# ど素人投資家への正しい投資技法

# カンタンなルールに従う ロボット投資家たれ

投資で成功するためには、分かりやすい形で定めた意思決定プロセスと明文化した投資方針を一貫して必ず実行しなくちゃいけない。

かくいうバフェット太郎も、独自の投資方針を一貫して必ず実行していて、「毎月最後の金曜日にポートフォリオにおける組み入れ比率最低銘柄を５０００ドル買い増す」っていうことを繰り返し実行しています。

とはいえ、こうしたルールに従った一貫した投資スタイルしていると、「思考停止型乙ｗｗ」なんてバカにされて、「相場の変化に柔軟に対応するべきだ」なんて指摘されたりするわけです。

でも、世界中の投資家たちがドットコムバブル崩壊や金融危機を回避できずに資産を溶かしていたことを考えれば、そもそも相場の変化に柔軟に対応するなんて机上の空論だったってことがわかると思います。

それを踏まえた上で、バフェット太郎は投資は一貫性を持たせたほうが賢明だと考えています。一貫性というのは明確な投資ルールを設ける、ということです。あらかじめ買い増しする日を決めておけば、感情に流されずロボットのように機械的に買い増しすることができますよね。ルールがないと、投資ってなかなか進められないんですよ。

そもそも投資の世界では、**長期的に見れば投資タイミングがパフォーマンスに与える影響はほとんどないっていうことが知られていて、いつ投資するかということはあまり重要とはされていないんです。**しかし、株価やバリュエーションを気にしすぎる投資家ほど、

## 「もう少し安くなってから買い増そう」

などと考え、結局いつまで経っても買い増せないなんてことになるわけです。

事実、２０１６年以降の一貫した強気相場の中で、多くのクソダサい投資家たちは買い増しを躊躇して機会損失をする羽目になりました。一方で、バフェット太郎は割高感が指

摘されている中でも機械的に買い増したので、しっかりと値上がり益と配当を手にすることができました。

どうして組入れ比率最低銘柄に5000ドル買い増しするのかと言いますと、こうすることで**常に割安な不人気銘柄を買い増すことができるから**です。

しかし、クソダサい投資家ほど、株価が値下がりしていると、まだ下がるかもしれないと考えて買い増しを見送って、せっかく**バーゲン価格で買い増せるチャンスを見逃してしまったり、反対に、千載一遇のチャンスと考え、一気に買い増ししてポートフォリオのバランスをグチャグチャにしたりする**ものです。

一方で、バフェット太郎のように、組み入れ比率最低銘柄に5000ドル買い増すというルールをあらかじめ設定しておけば、バーゲン価格をみすみす見逃すような失敗はしませんし、大きく買い増し過ぎてポートフォリオのバランスをぐちゃぐちゃにするなんてこともなく、定期的にポートフォリオのリバランス（配分調整）をすることができるというわけです。

そのため、相場に振り回されたり、バーゲン価格の株を見逃したり、ポートフォリオをぐちゃぐちゃにしないためにも、分かりやすい形で定めた意思決定プロセスと明文化した投資方針を一貫して必ず実行したほうが賢明です。

また、投資方針を決定する上での注意点として、できるだけシンプルでわかりやすい形であることが望ましいです。これは複雑になればなるほど、繰り返し実行し続けることが精神的に難しくなるためです。

あと、バフェット太郎みたいに毎月5000ドルも買い増せない一般の個人投資家はどうすればいいんだよって思うかもしれませんが、別に毎月株を買い増す必要性は全然なくて、半年に一回とか、何なら一年に一回とかでも別にいいわけです。

大切なことは、**あらかじめ定めたルールにしたがって、定期的にリバランスすることだ**からです。

# 「みんなの意見」って大体クソ 自分の投資スタイルは崩さない

クソダサい投資家ほど、他人の意見に流されて投資判断を下したりするものです。

たとえば、著名投資家ウォーレン・バフェット氏がＩＢＭを買えば、同じようにＩＢＭ株を買って、いかにＩＢＭ株が素晴らしい株であるかを雄弁に語り、ＩＢＭ株を買ったのは自分で調べて納得した上であり、決してバフェットが買ったからではないと言います。

しかし、バフェットがＩＢＭ株を手放すと、同じようにＩＢＭ株を手放し、いかにＩＢＭ株が投資に値《あたい》しない銘柄であるかということを語り始めるんです。

嘘だろって思うかもしれませんが、嘘じゃないしそういう人は少なくありません。とは言え、「バフェットが買う株は優良株であり、バフェットが売る株はクソ株」なんていう結論ありきの投資判断ばかりしている投資家は、いつまで経っても自分で投資判断を下せないので、相場やニュースに振り回され続けるクソダサい投資家になってしまうんです。

また、なかには「5ちゃんねる」などの匿名掲示板を、投資の優良情報が集まる聖地なんて勘違いしている人がいますが、

## あんな肥溜めみたいな場所

に優良情報なんて落ちてませんからね。

しかし、どうして多くのクソダサい投資家たちが肥溜めを優良情報の聖地だなんて勘違いするのかと言いますと、あそこはたまたま運良く生き残った投資家の意見だけが集まる場所に他ならないからです。

具体的にどういうことかと言いますと、たとえば、バイオ株ブームの時はバイオ株に投資している奴がイケていて、それ以外の投資家はクソ扱いでした。そのため、たまたま運良くバイオ株に投資して儲かった奴が、ドヤ顔でいくら儲かったとか、バイオセクターの明るい未来について雄弁に語り、彼らのパフォーマンスを下回っている投資家たちは

「うぐ…。」

と黙るわけです。

すると、情弱5ちゃんねらー民は「うへー、素晴らしいでヤンス♪　参考にするでヤンスｗｗｗ」と今日知ったばかりのバイオ株に投資して、バイオ株がいかに将来有望で素晴らしいのかについて講釈を垂れ始めるのです。

しかし、バイオ株ブームが終焉すると、これまでバイオ株に投資していた人たちがこつ然と姿を消して、入れ違いでＦＡＡＭＧ銘柄に投資していた人たちがドヤ顔でＦＡＡＭＧ株や米ハイテクセクターの未来について雄弁に語り始めるのです。

するとやっぱり情弱5ちゃんねらー民がわさわさ集まって来て、「うひゃー！　お宝情報凄いでヤンスｗｗｗ」と、今日知ったばかりのハイテク株ばかりに投資して講釈を垂れ始めるんです。

だから「5ちゃんねる」は一見すると優良情報が集まっているように見えるかもしれませんが、その正体はたまたま運が良かった投資家の意見だけが集まっているにすぎなくて、ブームの波に淘汰された意見は海の藻屑となって消えてしまい、多くの投資家からは見えないのです。

また、反対に多くの投資家が悲観的になっている銘柄がチャンスだっていう場合もあります。たとえば、バフェット太郎がブログを公開したのは2016年の1月ですが、この時、ウォルマートとマクドナルドに投資していることに対して、批判的なコメントがいくつも寄せられてきました。

当時、ウォルマートはアマゾンの躍進を受けて業績を悪化させていましたし、マクドナルドも食肉消費期限切れ問題や新興ハンバーガーチェーンのシェイクシャックなどの躍進を受けて、オワコンと言われていた時期があったんです。

しかし、2016年から2017年末までの両社のパフォーマンスはそれぞれウォルマートが+61・1%高、マクドナルド+45・7%高とS&P500種指数の+30・8%高を大幅に上回りました。

このように、「みんなの意見」は大体クソなんだなってことがわかると思うので、周りの意見に流されることなく、一貫した投資スタイルを崩さないようにしてください。

## クソダサい投資家の「残念投資法」一覧

どんなに素晴らしい銘柄に投資しても、間違ったやり方をしていれば、パフォーマンスを最大化させることはできません。だからといって、難しいことなんて何もなくて、ちょっとしたことに気を付けるだけで大丈夫なんです。

そこで、経験の浅い未熟な投資家が陥りやすい間違いをまとめましたので、こうした間違いをしないように心がけて運用するようにしてください。

### 向こう見ずな全力買い

全力買いっていうのは、自分の投資余力を全て突っ込んで株を買うっていうことなんですけれども、これは素人ほどやりがちです。

現金をほとんど持っていないと、株価が暴落した時に株を買い増すことができませんし、資産全体の変動率も大きくなるのでパニックに陥りやすいです。全力買いは強気相場でリターンを最大化できるものの、弱気相場で狼狽売りをしてしまうなど間違った判断に繋がるリスクも大きくなりますからオススメしません。

## 欲豚の底値買い

一般的に、株は安く買って高く売るものと言われていますから、多くの投資家は株を底値で買いたいと考えています。しかし、ほとんどの場合底値で買えることなんてなくて、底値だと思ったらそこからガンガン売り込まれて青ざめるなんてことは、よくあることです。

そのため、暴落している銘柄の買い時というのは、業績の改善が確認できてからです。その時は、底値から10～20%上昇しているとは思いますが、それでもそこから買い始めるのが正しいやり方です。

底値で買えないことや株価が急反発してから買うことをダサいとか恥ずかしいと考えるのは、それはあなたが素人だからです。経験を積んだ投資家は底値買いがただの運任せのギャンブルであることを知っているので、それこそ恥ずかしい行為なわけです。

## ウノみ君のブレブレ投資

株価が天井知らずにガンガン上がり続けることを「青天井」と言いますが、こういう時は大抵割高感が指摘されていて、なかなか買い増ししづらい空気があります。事実、米国株式市場は2013年にダウ平均が過去最高値の1万4000ドルを突破して以降、ずっと割高感が指摘され続けていましたし、2016年に著名投資家ジム・ロジャーズ氏は「米国株は明らかに割高で一年以内に大暴落する確率は100％」って言っていました。

しかし、2017年12月末にダウ平均が約2万5000ドルまで上昇したことを考えると、割高とか暴落するってあの話は何だったの？　ってなるわけでありまして、仮に高値を警戒して投資していなかったら実損こそしていないものの、大きな機会損失をしたことになっていたんです。

したがって、割高だとか暴落するぞって言う意見は間違っている場合も多いのでウノみせず、投資家はあらかじめ定めた意思決定プロセスにしたがい、一貫した投資スタイルを崩さないほうが賢明です。

## 下心による配当再投資見送り

本来、お金がお金を生むマネーマシンを作りたいなら、配当を再投資してマシンの規模を時間の経過とともに大きくしてあげなければなりません。しかし、欲深い残念な投資家ほど、高値警戒感が指摘されている中で、株価が割安になってから配当で買い増そうと考え、結局配当金だけが溜まっていくなんてことになりがちです。

しかし、割安になってから株を買い増そうと考えていると、前述した通り、割高感が指摘されている中で株価はさらに上昇してしまい、永遠に買い増すタイミングを逃すってことにもなりかねないので、配当は定期的に再投資するようにしましょう。

## 地獄へと導く勘違い銘柄分析

何に投資しようかと個別銘柄を分析する際、過去の業績とか株価を眺めて、「この銘柄の業績成長率はすごい！」と少年のように瞳を輝かせて、将来有望のイケてる銘柄に集中投資して失敗するっていうことがよくあります。

たとえば、2015年頃、当時ブームになっていたバイオセクターだけでなく、ウォルト・ディズニーやナイキ、スターバックス、アンダーアーマー、チポトレ・メキシカン・グリル、フットロッカーなどの一般消費財セクターが人気を集めていました。

どうしてこれらの銘柄が人気化していたかと言いますと、金融危機で一般消費財セクターはボコボコに売られていたんですけれども、その後景気の回復とともに業績が急拡大。2011年から15年末までの五年間で、株価はウォルト・ディズニーが＋180％、ナイキ＋193％、スターバックス＋320％、アンダーアーマー＋488％、チポトレ・メキシカン・グリル＋126％、フットロッカー＋232％とS&P500種指数の＋63％高を大幅に上回っていたのです。

2011年から2015年末までの間、S&P500種指数を上回るかどうかは、ポートフォリオにこれらの一般消費財株を組み入れているかどうかで決まったので、当時はこれらの銘柄に投資しているだけで他の投資家から羨望の眼差しで見られていたのです。

しかし、2016年から2017年末までの二年間を振り返ると、ウォルト・ディズニーが+2%高、ナイキ±0%高、スターバックスマイナス4%安、アンダーアーマー　マイナス65%安、チポトレ・メキシカン・グリル　マイナス40%安、フットロッカー　マイナス28%安とS&P500種指数の+31%高を大幅に下回る悲惨な結果となってしまったんです。

クソダサい投資家ほど、**わずか数年間の業績と株価の推移を眺めただけで、この傾向が永遠に続くと勘違いする**ものです。しかし、永遠に続くトレンドなどないことを考えれば、多くの投資家が安心して投資できるタイミングというのは反対に警戒したほうが良さそうだということがわかります。ちなみに、現在でも同じような光景が見られていて、それがハイテクセクターです。確かに過去数年間、FAAMG株を筆頭に主要ハイテク銘柄が上昇してきましたが、永遠に続く強気相場などないことを考えれば、特定のセクターや銘柄に対する過度な楽観は禁物です。

## 妬みと焦りのソッコー投資

バイ&ホールドは弱気相場でこそ、これまでの覚悟が試されるわけであり、強気相場の中では誰もが簡単にバイ&ホールドできる。そんな風に思っているのは経験の浅い未熟な投資家だけです。

強気相場の中では、自分の投資成績よりもずっとパフォーマンスの良い投資対象が出てくるため、多くの投資家は自分がやっていることが(たとえ利益が出ていても)

# マヌケなこと

のように思えてくるものなんです。

たとえば最近、仮想通貨市場が過熱する中で、自称長期投資家たちがこぞって仮想通貨に触手を伸ばしています。クソダサい投資家ほど他人のパフォーマンスに焦りと妬みを感じて、リスクの高い投資対象にすぐに手を出してしまうのです。

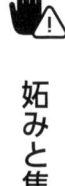

とはいえ、投資は買った銘柄の株価が何倍になったかというパフォーマンスも重要ですが、その銘柄に資産の何%を投資できるのかっていうことはそれ以上に重要なことを忘れてはいけません。500万円の現金を持っている人が、10万円分のビットコインを買い、それが一年で2倍の20万円になったからと言って、資産総額は520万円（+4%増）になるだけです。しかし、500万円のうち400万円分の株を買い、10%増やすだけで資産総額は540万円（+10%増）になります。

じゃあ500万円で2倍になるビットコインや株を買えばいいじゃんって話ですが、**一年で2倍になることが期待されるような投資対象は、一年で半値になるかもしれないリスクの高い銘柄**であることを意味するので、いくら将来の値上がり益が期待できるからと言って、大きなリスクを取ることはオススメしません。そのため、**より大きなお金を突っ込める投資対象を見つけるっていうことは、パフォーマンスの高い銘柄を見つけるよりずっと大切なこと**なんです。

とはいえ、クソダサい投資家ほど他人のパフォーマンスに焦り、妬み、これまで一貫した投資スタイルを簡単に崩すのです。そしてそういうクソダサい投資家を見る度にバフェット太郎はある逸話を思い出します。

数年前、アマゾン・ドットコムのジェフ・ベゾスCEOはウォーレン・バフェット氏とランチをともにした際、こう質問したそうです。「なぜ、あなたの投資哲学はシンプルでわかりやすいのに、誰もそれをマネしようとしないんですか?」

するとバフェットはこう答えたそうです。「誰もゆっくりとお金持ちになりたいなんて考えていないよ。

## みんなソッコーでお金持ちになりたい

と考えているんだ」

## なぜ臆病な投資家ほど儲けるのか

投資家は、どれくらいの量のリスクを取れるかっていう器をそれぞれ持っていて、それは投資家の性格や将来の目標によって違うこともあれば、人生のステージによっても変わることがあります。そのため、リスク許容度が変わることを考えれば、唯一無二のポートフォリオなど存在しないことがわかると思います。

たとえば、職業が公務員でもなければ一生安泰とは言えないですし、安定した大企業に勤めている人たちだって、ボーナスを大幅にカットされるかもしれない。あるいは、リストラされるかもしれないし、社内競争で生き残れないかもしれません。加えて、納得のいかない評価や人事異動に自らの意思で仕事を辞める場合だってありますし、親や家族の都合で仕事を辞めざるを得なくなるかもしれない。

そういうリスクを考えた時、あんまりリスクを取りたくないなと考えれば、ディフェンシブ銘柄中心のポートフォリオにする場合もありますし、あるいは債券への分散投資なんかも検討しなければなりません。

また、向こう見ずな性格の投資家がいる一方で、臆病な性格の投資家がいることを考えれば、必ずしも同世代だからという理由で同程度のリスクを背負う必要はありません。そのため、米国株へ集中投資するだけでなく、債券やＲＥＩＴなど、幅広く分散投資するこ

## ●このチャートだけ見ると「バンガード最高！」となるが・・・

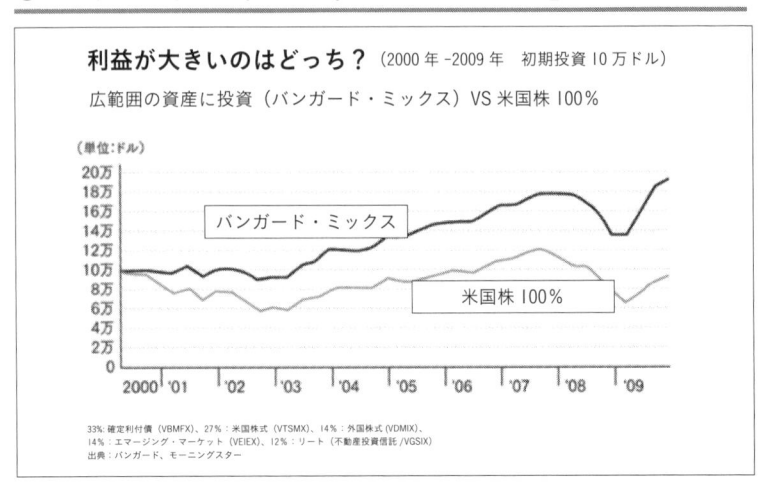

**利益が大きいのはどっち？**（2000年-2009年　初期投資10万ドル）

広範囲の資産に投資（バンガード・ミックス）VS 米国株100％

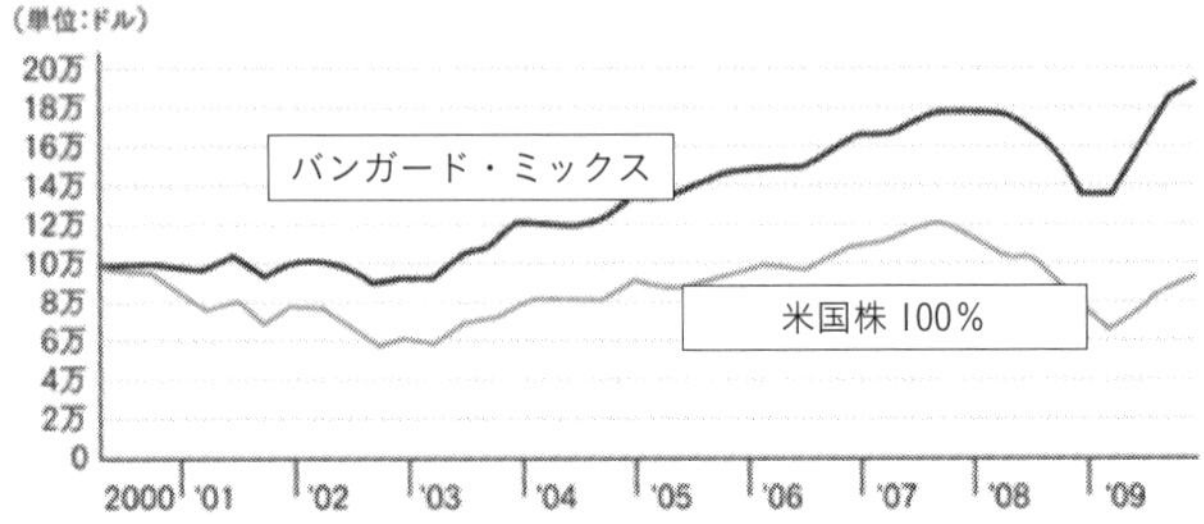


33%：確定利付債（VBMFX）、27％：米国株式（VTSMX）、14％：外国株式（VDMIX）、
14％：エマージング・マーケット（VEIEX）、12％：リート（不動産投資信託/VGSIX）
出典：バンガード、モーニングスター

出所：アンソニー・ロビンズ『世界のエリート投資家は何を見て動くのか』三笠書房

とも大切です。

加えて、日本株や新興国株など幅広いアセットクラスに分散投資することで、リスクを抑えつつリターンを最大化できる場合もあります。

実際、2000年から2009年12月末までの10年間、幅広いアセットクラスに分散投資した場合と、米国株に集中投資した場合とでは、前者の方のパフォーマンスが良かったんです。

上記のチャートを眺めると、「米国株100％」に集中投資した場合、当初の10万ドルが元本を割っているのに対して、幅広い資産クラスに分散投資された

「バンガード・ミックス」は約20万ドルと倍近く上昇していることがわかります。また、債券に投資することでリスクも抑えることができています。

これだけ見ると、「幅広く分散投資すればリスクを抑えつつリターンを最大化できるんだ！」と思うかもしれませんが、気をつけなければならないことは、このチャートが00年（ドットコムバブル崩壊直前）から始まり、09年末（金融危機直後）に終わっていることです。

つまり、この10年間は株式市場にとって不運な10年間を意図的に切り取っているわけでありまして、「幅広いアセットクラスへの分散投資が最高！」って結論づけるための印象操作ができるチャートになっているわけです。

P77のチャートを見てもわかる通り、過去を振り返れば株式が債券やREITのパフォーマンスを上回って来たことは証明されていますし、今後もそのトレンドは変わらないと考えれば、長期投資家は株式投資への集中投資が賢明であると言えます。

**したがって、特定の時代に区切れば、債券への分散投資が賢明である場合もあるけれど、**

**長期的に見れば株式への集中投資が最適解**であると言えるわけです。

そのため、投資家のリスク許容度によって、米国株に集中投資すべきか、あるいは債券やREITなど幅広いアセットクラスに分散投資すべきかを検討しなければならないわけですが、気をつけなければならないことは、自分が思っているほど

## 自分のリスク許容度は大きくない

ということです。自分自身のリスク許容度を計り間違えた結果、身の丈以上のリスクの高い取引をしてしまい、突然の調整局面で株を投げ売りしてしまうなんてことにもなりかねません。

そのため、米国株に100％集中投資する場合でも、ディフェンシブ銘柄に比較的多めに分散投資することで、リスクを最小限に抑えるなどの工夫が必要です。

## 「バブルじゃない」って思うほどバブルだったりする

２０１７年の強気相場を支えたのは、ＦＡＡＭＧ株などに代表される主要ハイテク銘柄だったわけで、Ｓ＆Ｐ５００種指数の上昇分の約三割はこの五銘柄によるものでした。

そのため、ソッコーでお金持ちになりたいと願うクソダサい投資家ほど、手持ちの保有株を手放して、ＦＡＡＭＧ株などの主要ハイテク銘柄に資金を移しています。

しかし、永遠に続くブームなどないわけでありまして、過去を振り返ればブームなんて生まれては消えて、また生まれては消えての繰り返しですからね。

たとえば、ＦＡＡＭＧ株ブームの前はバイオ株ブームがありました。00年代は豊富な資源と人口を抱えるブラジル、ロシア、インド、中国の頭文字を取った「BRICs（ブリックス）」が株式市場の主役となり、新興国株がブームとなりました。しかし、金融危機を引き金に、新興国の株式市場から大量のドルが流出すると、新興国の株式市場は大暴落しました。

90年代は米国でハイテク株がブームになり、後にドットコムバブルというバブルにまで発展したわけですが、この時、ハイテク株への期待感から、利益の出ていない銘柄にまで買いが殺到しただけでなく、社名に「ドットコム」が付いているだけで株価が高騰するなど、過熱感が見られました。しかし、バブルが弾けるとマイクロソフトの株価は高値からマイナス63％安、アップルマイナス80％安、アマゾン・ドットコムに至ってはマイナス94％も暴落するなど、多くの投資家は目の前で溶けていく資産をただ茫然と眺めることしかできなかったのです。

80年代は日本株がブームになり、日経平均株価は3万8915円まで大暴騰しました。しかし、不動産価格の暴落や労働生産人口（15歳～64歳までの人口）の減少を受けて株価は暴落。バブル崩壊から約30年経っても、当時の高値から約40％も低い水準で低迷が続いています。

また、ヒッピーやサイケデリックが流行した70年代は、米国でニフティ・フィフティ（イケてる50銘柄）がブームとなりました。このニフティ・フィフティ銘柄の中には、ＩＢＭやデュポン、ゼネラル・エレクトリック、コダック、ゼロックス、ポラロイドなど、当時もてはやされていた優良大型株ばかりが入っていて、機関投資家たちのお気に入り銘柄でした。

なぜ、機関投資家のお気に入り銘柄になっていたかと言いますと、暴落の恐れがないことや業績が順調に拡大していたこと、そして市場を混乱させることなく巨額のポジションを取れるためで、彼らは「一度大きく買って、あとは寝かせておくだけで資産が増える」などと考えていたのです。

しかし、無常にも株価は大暴落。ニフティ・フィフティのうち27銘柄が直近の高値から平均84％も暴落したのです。これはバリュエーションが無視されたためであり、ニフティ・フィフティ銘柄の多くはＰＥＲ１００倍の水準にまで上昇していたことが暴落の要因として挙げられます。

さらに、人類が初めて月に降り立った60年代、投資の世界は「トロニクスブーム」で沸きました。当時、社名に「スペース」とか「エレクトロニクス」といった単語が入るだけで株価が高騰したんです。しかし、甘い観測に基づいて過大評価されていた株はどれも高ＰＥＲ株ばかりで、結局どれも大暴落して市場から淘汰されてしまいました。

こんな感じでブームは繰り返し起きていることなので、ＦＡＡＭＧ株ブームがいずれ終焉すると考えるのは自然なことですし、また新しいブームが生まれて投資家を熱狂させるっていうのも当たり前の未来です。

こうしたことから、個人投資家たちは目先のブームに踊らされるべきではないのですが、やっかいなのは株価が高騰している時というのは、

## 決まってその理由が正当化されそれをバブルだなんて思わない

ことです。

たとえば、アマゾンのＰＥＲは約２７０倍と、Ｓ＆Ｐ５００種指数の25倍を大きく上回っていますが、これは多くの投資家たちがアマゾンの未来に楽観的な見通しを示しているからです。たとえば、ネット通販や動画コンテンツをこれから多くの消費者が利用するだろ

うし、クラウドサービスのアマゾン・ウェブ・サービス（ＡＷＳ）もこれから多くの企業に利用され続けることを考えれば、自ずと将来の利益も期待できるわけで、高ＰＥＲは正当化されるわけです。

また、最近はアマゾン以外の大手ハイテク銘柄も高ＰＥＲ株が増えてきており、割高感が警戒されていますが、やはり投資家たちが楽観的な見通しを示しているため、現在のバリュエーションは正当化されているわけであります。

そのため、ブームに乗るなって言われても、多くの投資家は

**「いや、ブームじゃないし」**
**「正当な理由があるし」**

って考えるわけでありまして、なかなかブームに乗らないようにするっていうのは難しいです。

でも、個人投資家がブームに乗らないようにするために、ひとつだけアドバイスするとすれば、それは、**その投資が楽観的な見通しのもと、ワクワクドキドキしながらする投資判断である場合は気を付けたほうがいい**ということです。反対に、**成功しやすい投資とは、熟慮を重ねた上で、心配と不安の中で投資判断を下す時**です。

## 地味だけど大切な積立投資とリバランス

お金がお金を生む最適なマネーマシンを手に入れたいなら、定期的な積立投資とリバランスが重要です。

かくいうバフェット太郎も、毎月50万円を口座にガシガシ入金して、配当を足して約5000ドル分の株を買い増すことで積立投資とリバランスを同時に実践しています。

ガシガシ入金して、ガシガシ株を買い増し、ガシガシお金を増やす、言わば

# お金持ちのお金持ちによるお金持ちのための投資

をしているわけであります。

まぁ、多くのサラリーマンにとって、毎月5万円の積立投資も厳しいと思いますが、だからと言って積立投資とリバランスができないと無意味だっていう話にはならないので安心してください。

そもそも、どうしてお金がお金を生むマネーマシンを作るために積立投資とかリバランスをしなくちゃいけないのかと言いますと、一度に大きく買い付けた場合、タイミング次第では買い付け直後から弱気相場に突入し、長期的に資産が低迷してしまう場合もあるからです。

そのため、積立投資をして買い付け時期をずらすことで、タイミングの悪さを軽減するのです。

さらに、定期的にリバランスをすることで、割安な銘柄やセクターを買い増すことで、資産全体のリターンを向上させることができるというわけです。

また、割高な銘柄を売却してリバランスするべきかっていう疑問もあると思いますけれども、バフェット太郎は**利食い**（株価が上がったときに売却し、差額を儲けること）**をオススメしません。**

これは、譲渡益には20％の課税がかかるためで、売買を繰り返せば繰り返すほど、税金と売買手数料が掛かるからです。そのため、バフェット太郎はあらかじめ長期投資に値する銘柄を買ったのなら、それが割高になったとしてもそのまま保有し続け、割安な銘柄にだけ集中的に買い増すっていうことにしています。

ちなみに、**積立投資やリバランスのやり方については、人によって収入や支出にバラつきがあることから、一概にこうしなくちゃいけないなんてことはありません。**

たとえば、毎月の積立額は不安定だけど、半年に15万円は投資用資金が捻出できるなら、半年に一度15万円の積立投資をすればいいですし、別に一年に一度でも大丈夫です。大切なことは継続して機械的に繰り返し実践し続けることですから、自分に合った最適なルールを作って、それに従う運用を心掛けてください。

っていうことで、リバランスのまとめです。

**①そもそも「組入れ比率最低」って何？**

バフェット太郎は毎月最後の金曜日に組入れ比率最低銘柄を5000ドル買い増すことで各銘柄の比率が均等になるようにリバランスしています。この**「組入れ比率最低銘柄」とは、単純にポートフォリオの中で最も評価額**（資産を時価評価して得られた価額）**の小さい銘柄**になります。各銘柄の評価額はその株価の上下とともに変動するため、その時によって評価額が大きくなる銘柄もあれば小さくなる銘柄もあります。そこで評価額が最も小さい銘柄を買い増すことで評価額の順位を上げてやるわけです。

**②投資スタート時のリバランスはどうするの？**

これから投資を始めてみようと考えている人たちは、おそらく資産額も小さいことから、一度買い増すだけでその銘柄が組入れ比率最高銘柄になってしまい、しばらく買い増すことができなくなってしまいます。でも最初はそれでいいんです。**雪だるまを転がすように、少しずつ少しずつ資産額を大きくしていけば、次第に買い増ししただけでは組入れ比率最高銘柄になるってこともなくなります。**

### ③「組入れ比率最低＝割安」とは限らないのでは？

組入れ比率最低銘柄を買うということは、単純に株価が値下がりしている銘柄であって、「本質的な価値」よりも割安だというわけでもありません。そのため、場合によっては「本質的な価値よりも割高」と言われている時に「組入れ比率最低」という理由だけで買い増す場合もあるということです。

でも、これはこれでいいんです。なぜなら株式市場は効率的市場仮説のもとで概ね適正価格が値付けされているので、そもそも市場を出し抜くことなんてできないからです（誰もがドットコムバブル崩壊や金融危機を回避できなかったのを思い出してください）。ましてや、**素人投資家が出し抜くなんてできっこないから！**　個人投資家は、ポートフォリオをリバランスすることを優先して、市場が提示する価格で素直に株を買い増すのが最善なのです。

### ④保有銘柄を増やしたくなったときは？

**自分のポートフォリオに新たに銘柄を増やしたくなったら、全体のバランスを考えて慎重に決定**してください。たとえば、バフェット太郎の場合は生活必需品セクターがポートフォリオの半分を占めているので、新たに組み入れる銘柄は生活必需品セクター以外が望ましいですし、不況局面に強い銘柄ばかりが組入れていれられていることを考えれば、回復局面か好況局面に強いセクターの中から選ぶ、といった具合です。

## ⑤保有銘柄を売却したくなったときは？

売りたい銘柄がある場合はどうすればいいのかについてですが、**そもそも後になって売りたくなるような銘柄なら最初から投資するべきではありません。**たとえば、専門家たちが優良株だと言っているだけでよく知りもしない銘柄に投資してしまえば、株価が急落した時に狼狽売りしかねないからです。

そのため、事業の競争優位性が高く、あなたが理解できるくらいシンプルで分かりやすいこと、そして**株価が半値になっても自信を持って保有できる銘柄だけに投資する**ようにしてください。その結果、**十分に分散投資できないなら、残りをS&P500ETFで代用するなどして分散投資すれば大丈夫**です。

# 「わかる未来」への投資は競馬やパチンコとはやっぱ違うでしょ

投資はギャンブルだっていう意見がある。確かに競馬やパチンコのように、どうなるかわからない未来に対してお金を賭けることを全てギャンブルだと言ってしまえば、株式投資はギャンブルなのかもしれない。

しかし、世の中には「わかる未来」だってあるわけで、そうした「わかる未来」に投資することは別にギャンブルにはならないんじゃないかなと思うわけであります。

たとえば将来、世界の人口が増加する一方で、日本の人口は減少するとか、ネット通販の利用者は増加するとか、自動運転車が普及するとか。そういうのがわかる未来です。

これを株式投資に応用すると、コカ・コーラ株への投資は何もギャンブルにはならないってことがわかると思うんですよ。

たとえば、スーパーやコンビニ、ファストフードやファミレスに足を運ぶと、コカ・コーラ社の製品をかなり高い確率で目にすると思います。これは、小売店や飲食店がコカ・コーラ社と提携することで、ウーロン茶やオレンジジュースなど幅広いバリュエーションのソフトドリンクを一括で揃えることができるだけでなく、安定して供給してもらえる体制を整えることができるからです。

そのため、消費者は必然的にコカ・コーラ社の製品を見る機会が増し、また、飲食店などではコカ・コーラ社と独占的に契約している場合が多いので、消費者にとって他社のソフトドリンクを選択する余地がありません（ドリンクバーなどがそれです）。また、飲食店は一度コカ・コーラ社と独占契約を交わしてしまえば、他社に乗り換えるなんてことはしませんから、安定したキャッシュフローが見込めるというわけです。

このように、**コカ・コーラ社の製品が永続的に売れ続けるということは「わかる未来」ですから、「わからない未来」に賭ける競馬やパチンコと同じギャンブルとして扱うのは無理があります**。もちろん、株式投資でも銘柄によってはわかる未来とわかりづらい未来がありますから、できるだけ低いハードルを見つけて簡単に乗り越えられる銘柄に投資したほうが賢明です。

# 米国株の未来予測①
# 2034年まで強気相場！

09年にダウ平均が６４９６・95ドルの底値をつけて以降、一貫して強気相場が続いてきたことから、市場参加者の中から、そろそろ米国株は暴落するんじゃないかとの警戒の声も聞こえてきます。

バフェット太郎は短期的な調整局面は起こり得るものの、これから２０３４年頃まで巨大な強気相場になると考えています。

次ページのチャートは１９１５年から２０１７年までの１０２年間のダウ平均（インフレ調整済）ですが、このチャートを眺めると、17年周期で経済が「拡大」と「停滞」を繰り返していることが確認できます。

これは何も偶然の現象ではなくて、ちゃんとした要因があります。何かと言うと、１９４６年から１９６４年までの約20年間はベビーブーマー世代であるわけですが、これ

## ●米経済は17年周期で「拡大」と「停滞」を繰り返している

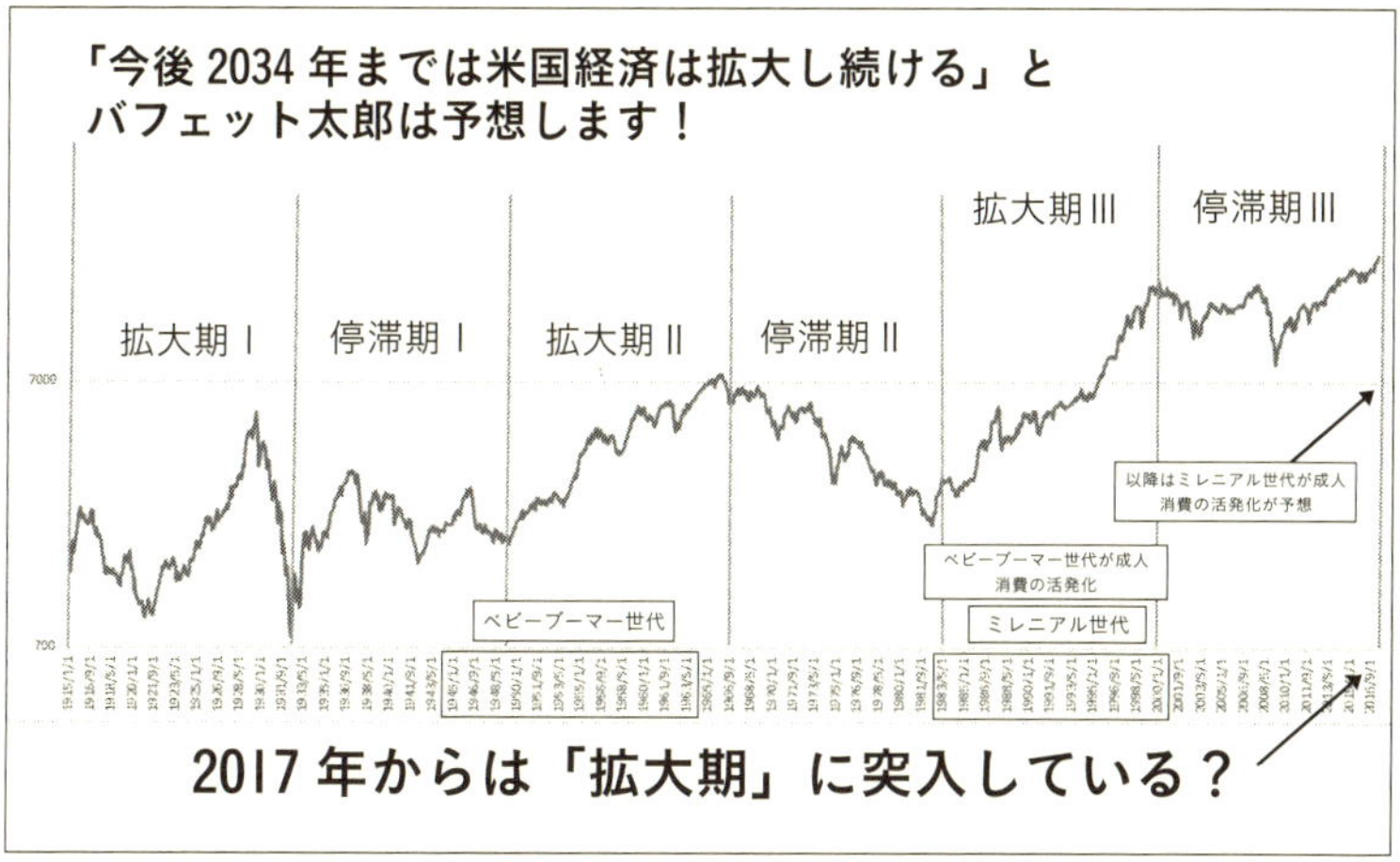


ダウ平均（インフレ調整済み）1915-2016

は二番目の景気拡大期とほぼ重なっていることがおわかりいただけると思います。

この時代に生まれた子供たちが大人になり、結婚し、子どもをもうけ、家を買い、自動車を買うなど、消費が最も活発になるのが、次の拡大期にあたる１９８３年から２０００年までの20年間にあたります。

そして１９８３～２０００年までの拡大期に生まれた子供たちがミレニアル世代と言われ、２０１７年以降に最も消費が活発になる時期を迎え、景気を加速させることが予想されるわけです。

したがって、歴史に答えを求めるなら

ば、これから２０３４年まで米国景気はさらに拡大し、多くの投資家の資産を増やす「ジャイアント・ブル（巨大な強気相場）」の時代に突入することが予測されるわけです。別の言い方をすれば、投資をしている人としていない人との間で資産格差が絶望的に広がる時代に突入するということです。

「２０３７年以降は売却したほうがいいの」と思う人もいるかもしれませんが、そもそもバフェット太郎の投資に出口というものはありません。だって毎月5万円の積立投資と年7％のリターンで35年後には1億円もの資産が築けることが期待できるんですよ？

仮に25歳から米国株投資を始めて60歳で1億円の資産を築けたとして、じゃあその1億円を現金化する必要があるのでしょうか？ 米国の超大型連続増配高配当株に投資していれば、株価が上がっても下がっても毎年3％（年間３００万円）程度の配当金が期待できるので、わざわざ金のなる木を切り倒す必要は全然なくて、そのまま株式市場で運用し続けた方が賢いに決まってます。

出口戦略を敢えて用意する必要はなくて、必要な時に必要な分だけ配当を使い、それでも足りなければ必要な分だけ利食いして、残りはそのまま運用し続けた方が賢明です。金のなる木は必要に迫られたときだけ、その分だけの果実をもぎとるようにしましょう。

## 米国株の未来予測②
## 利回り格差マイナスからプラス時に大暴落

２０３４年までジャイアント・ブル相場が続くからと言って、それまで不況も暴落も起こらないなんて言うつもりはないです。

バフェット太郎は短期的な調整局面はいつ訪れてもおかしくないと思っているし、不況や暴落は２０１９年～２０２０年頃に訪れるんじゃないかなと予想しています。

次ページのチャートは過去30年間のダウ平均と、米２年債と米10年債の利回り格差を示したものです。たとえば、米２年債利回り２％、米10年債利回り３％とすると、利回り格差は１％となります。

過去を振り返ると、この利回り格差が０％ラインを割り込み、その後反発してプラスに

## ●「拡大期」でも「暴落」はトーゼン起きる！

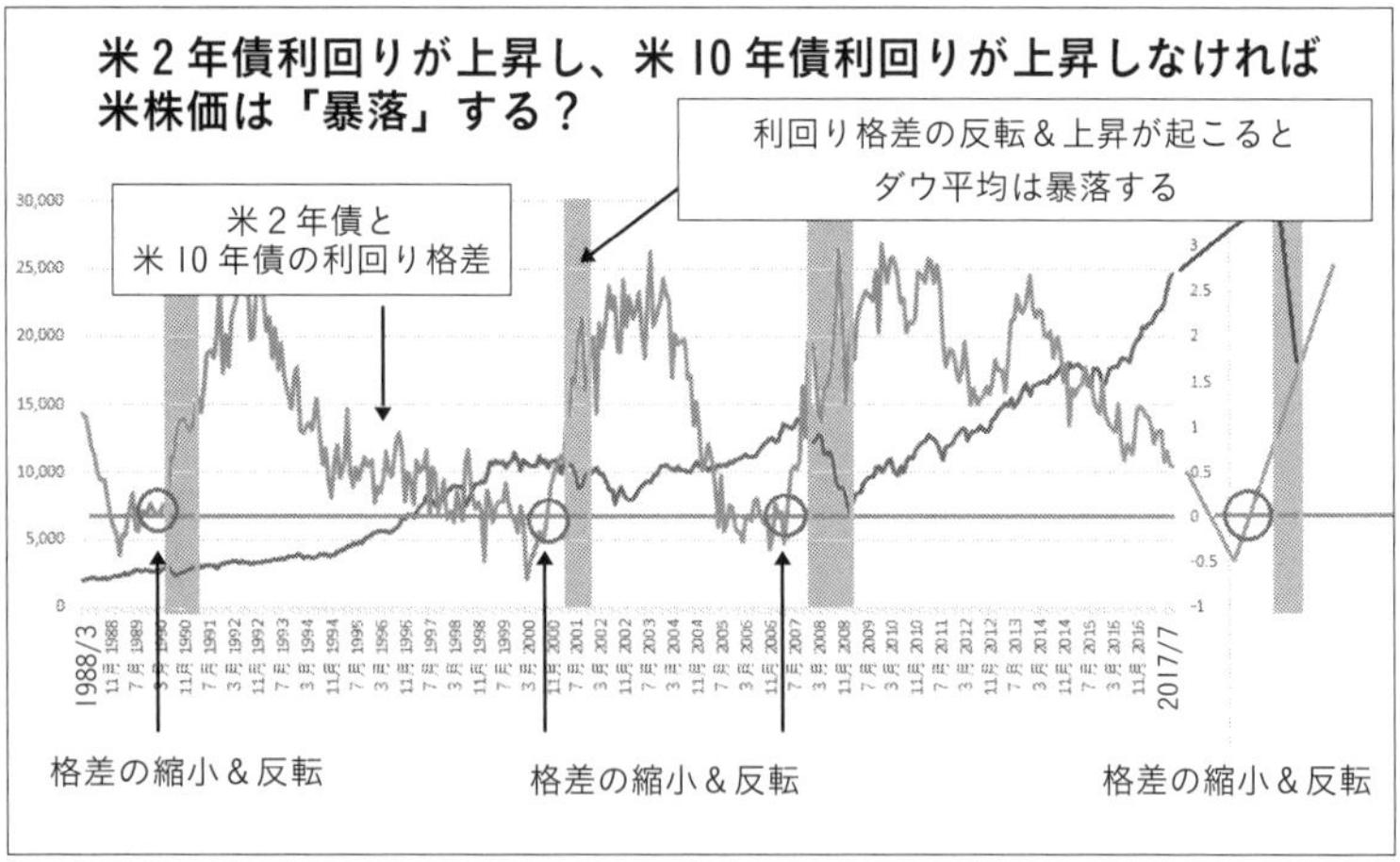
米2年債利回りが上昇し、米10年債利回りが上昇しなければ
米株価は「暴落」する？
利回り格差の反転＆上昇が起こると
ダウ平均は暴落する
米2年債と
米10年債の利回り格差
格差の縮小＆反転
格差の縮小＆反転
格差の縮小＆反転

過去30年間のダウ平均と米2年債と米10債の利回り格差

転じると、米国株式市場はリセッション（景気後退）入りし、株価が暴落したことがわかります。（グレーが景気後退期を表す）

具体的に見ていくと、90年に利回り格差がマイナスからプラスに転じると、景気後退入りし、ダウ平均はわずか三カ月で約20％超暴落しました。

また、00年も同様に利回り格差がマイナスからプラスに転じると、ドットコムバブルが崩壊して景気後退入りし、ダウ平均は三年間かけて約40％弱暴落しました。

加えて、07年も利回り格差がプラスに転じると、直後にサブプライムローン問題が顕在化して景気後退入りし、ダウ平均は二年間で約50％超暴落しました。つまり、過去の経験則に従えば、利回り格差がマイナスまで落ち込み、その後プラスに転じると、景気は後退し、株式市場は暴落するというわけです。

チャートを見てわかる通り、利回り格差は一貫して縮小を続けています。これは米国の中央銀行にあたるＦＲＢ（米連邦準備制度理事会）が段階的に金利を引き上げていることで、米2年債利回りが２０１６年末の１・２％から１・９％に上昇（価格は下落）している一方、米10年債利回りは２０１６年末の２・45％からほとんど変わらないためです。

米10年債利回りが上昇しない（価格が下落しない）主な要因は、将来の景気減速を懸念して投資家が長期国債を買っているからです。

また、ＦＲＢは２０１８年に年三回の利上げ、19年と20年はそれぞれ二回の利上げを予想していることから、米2年債利回りの上昇が予想されます。一方で、米10年債利回りが上昇しなければいずれ利回り格差はマイナスに落ち込み、まもなく景気後退入り、株価が暴落することが予想されます。もし上昇するようなら、利回り格差は縮小しないので強気相場が続くことを意味します。

「暴落を待ってから投資すればいいじゃん」って思うかもしれませんが、それは欲豚の浅ましさってもんです。暴落直前のダウ平均が４万ドルで、暴落時の下落幅が30％以上に留まるならダウ平均は２万８０００ドルまでしか下がりません。

17年12月末時点のダウ平均が２万５０００ドルにも満たない水準であることを考えると、**これでは一生投資を始められないことになってしまいます**。ダウ平均がどれだけ上がるのか、そしてどれだけ下がるのかは誰にもわかりません。一方、優良株への長期投資が報われる可能性が高いことを考えれば、投資をいつまでも始めないのは間違っています。

大切なのは「暴落」が来ることを前提としたうえで、いざ暴落が来ても株を手放さなくて済むように慎重にポートフォリオをデザインすること。

積立投資とリバランスを実践し続け、マネーマシンを磨き続ければ、あなたは暴落にも動じない最高のマネーマシンを手に入れることができるでしょう。

## おわりに……ゆっくりと、でも最短経路でお金持ちになりましょう

冒頭でも書いたけれど、日本のような豊かな社会では、誰もが資本主義の恩恵を受けることができるので、貧乏人が貧乏人であることは自己責任に他なりません。たとえば、アップルに就職することは難しいけれど、同社に投資することは誰にでもできるので、投資家はアップルが稼ぐ利益をオーナーとして享受することができます。

しかし、世の中の大多数の人は、そうした資本主義の恩恵に与《あず》ろうとするどころか、株式投資をギャンブルだと忌み嫌い、格差社会を批判するというキチ○イかつ摩訶不思議《まかふしぎ》なことを平気でやっているわけです。日本という国は、ある意味でそんな残念な人たちによって支えられているわけですが、別の言い方をすれば、残念な人たちを簡単に出し抜いて、あなただけがお金持ちになれる国でもあるわけです。

とはいえ、投資の世界は時として残酷な一面も持っています。予想外の弱気相場は投資家を不安にし、**あれだけ眩《まぶ》しく見えた株式投資の未来が「なにこれ、ぼくの人生は地獄行きなの?」くらいの絶望の未来に見える時もあります。**

もし、あなたが株式投資の未来に不安になったり心細くなったら、バフェット太郎が運営するブログ「バフェット太郎の秘密のポートフォリオ」を覗《のぞ》きに来てほしい。バフェット太郎は毎日そこで、世の中で起きていることを投資家はどう解釈し、どうすればいいのかを具体的に書いているから、きっとあなたの支えになれると思う。

本書は、米国の連続増配高配当株に投資して配当を再投資し続けることで、ゆっくりと、でも最短でお金持ちになれる方法を紹介してきました。仮想通貨のようにあなたをアッという間に大金持ちにさせてくれるような魔法の投資法ではないけれど、**誰もが簡単に資本主義の恩恵を享受できる賢明な投資法だと確信しています。**

あなたに資本主義の恩恵と悦びがもたらされますように。
そして、本書があなたの未来を開くきっかけとなりますように。

グッドラック。

二〇一八年四月

バフェット太郎

## 米国株書籍の紹介（発行年数順）

**『ウォール街で勝つ法則』**ジェームス・P・オショーネシー／パンローリング株式会社（2001）

圧倒的かつ膨大なデータで、ウォール街で誰もが知っている投資戦略の長期的効果を解説した決定版ガイドブック。データに裏付けられた事実を基に特定のバリュエーションの優位性を証明している良書。

**『敗者のゲーム』**チャールズ・エリス／日本経済新聞出版社（2003）

資産運用の本質や運用理論の基礎知識が学べる世界的な名著。インデックス投資の優位性について過去の実績を基に説明しています。

**『ウォール街のランダム・ウォーカー―株式投資の不滅の真理―』**バートン・マルキール／日本経済新聞出版社（2004）

インデックス投資の優位性を歴史やデータを基に、幅広い視点から説明した世界的名著。これから投資を始めようと考えている人は必ず読んでおいた方がいいです。

**『株式投資の未来』**ジェレミー・シーゲル／日経 BP（2005）

バフェット太郎が最も影響を受けた米国株式長期投資の名著です。本書は膨大なデータを基に、S&P500 種指数を上回る投資法として、安定的に増配する大型優良株に投資して配当を再投資する投資戦略を推奨しています。米国株投資家必読書。

**『株式投資　第 4 版』**ジェレミー・シーゲル／日経 BP（2009）

米国で 94 年に出版されて以降、全米でベストセラーとなった名著。過去 200 年間における主要な金融資産の利回りが掲載されているなど豊富なデータが取り揃えられています。

**『投資で一番大切な 20 の教え―賢い投資家になるための隠れた常識―』**ハワード・マークス／日本経済新聞出版社（2011）

投資哲学の本として世界的な名著。著名投資家ウォーレン・バフェット氏が「極めて稀に見る実益のある本」として本書を大絶賛。さらにバフェットは本書を大量購入し、自身が率いる投資会社、バークシャー・ハザウェイの株主総会で個人投資家たちに配布したのは有名な話。

**『となりの億万長者―成功を生む 7 つの法則―』**トマス・J・スタンリー、ウィリアム・D・ダンコ／早川書房（2013）

お金持ちってどんな人？人はどうやってお金持ちになるの？そんな疑問から始まる本書は、お金持ちがいたって普通の人たちでシンプルな生活をしていることを突き止める。お金持ちの習慣を知ることで、自分自身の生活習慣を見直すきっかけになる良書。

**『Market Hack 流　世界一わかりやすい米国式投資の技法』**広瀬隆雄／東洋経済新報社（2013）

ブログ『Market Hack』編集長、広瀬隆雄氏待望の著書。本書は世界の投資銀行を渡り歩いた日本における米国株投資の第一人者が「本当に役立つな」と感じたノウハウを惜しみなく公開している良書。

**バフェット太郎（ばふぇっとたろう）**
日本一アンチの多い米国株ブログ「バフェット太郎の秘密のポートフォリオ」（月間70万PV）の管理人。
23歳の時に300万円から日本の中小型株で投資を開始。企業分析をするうちに日本株に失望したことに加えて、ジェレミー・シーゲル著『株式投資の未来』の影響を受けて、2015年夏頃より米国株にシフト。現在の運用資産は5000万円で、コカ・コーラ株やジョンソン・エンド・ジョンソン株など米国の超大型連続増配高配当株10社に均等分散投資している。また、毎月米国企業から受け取っている10万円超の配当金は、組入れ比率最低銘柄に再投資することで均等を維持させ、資産の最大化を目指している。過去二年間のトータルリターンは30％弱。
【ブログ】バフェット太郎の秘密のポートフォリオ（米国株配当再投資戦略）
http://buffett-taro.net/

**はるたけめぐみ**
主にビジネス漫画、企業キャラクターデザインなどで活動中。
著書にコミックエッセイ「絵描きオカンの日々。(BookWave)」、「短編集 天帝の翼（エコーズ株式会社より電子書籍出版予定)」など。
【ＨＰ】http://harutake.wixsite.com/k3company

**バカでも稼《かせ》げる「米国株《べいこくかぶ》」高配当投資《こうはいとうとうし》**

2018年5月 7日　初版発行
2018年6月15日　4刷発行

著　者　バフェット太郎
発行者　常塚嘉明
発行所　株式会社 ぱる出版

〒160-0011　東京都新宿区若葉1-9-16
03（3353）2835―代表　03（3353）2826―FAX
03（3353）3679―編集
振替　東京 00100-3-131586
印刷・製本　中央精版印刷(株)



ISBN978-4-8272-1119-1 C0033